공대 아빠와 함께하는

디지털 문해력 수업

공대 아빠와 함께하는

디지털 문해력 수업

김은호 지음

SEOLREM

설렘

프롤로그

디지털 시대, 우리 아이 어떻게 키울 것인가?

이 책은 문해력과 컴퓨팅 사고력을 연결한 최초의 자녀 교육서이자 대중서이다. 문해력에 관한 이해를 돕는 책이 넘쳐나고, 컴퓨팅 사고력에 관한 서적은 교재 중심인 시장에서 의미 있는 책이라고 생각하며 '코딩, 디지털, 프로그램' 등 컴퓨터 관련 용어조차 익숙하지 않은 부모님들에게 디지털 문해력과 아이의 성장을 입체적으로 관찰할 수 있는 지침서가 되어줄 것이다.

컴퓨팅 사고력은 문해력과 함께 아이들의 성장에 필요한 능력이다. 디지털 시대에 들어서며 최근 코딩이 필수 과목으로 지정된 이유 또한 '컴퓨팅 사고력' 때문일 것이다. MS 연구소 부사장이자 컴퓨팅 사고력의 창시자 지넷 윙은 컴퓨팅 사고력을 '누구나 배워서 활용할 수 있는 보편적 사고와 기술이며 읽기, 쓰기, 셈하기와 같이 아이들이 기본적으로 갖춰야 할 소양'이라 말한 바 있다. 단순하게는 컴퓨터를 프로그래밍하는 과정인 코딩으로 얻을 수 있는 능력이지만, 실제로는 문해력과 마찬가지로 지식을 다양한 분야에 접목해 활용하는 능력을 뜻한다.

최근 아이들의 격차를 해소하는 키워드로 '문해력'이 큰 관심을 받고 있다. 독해력을 기본으로 하여, 그 능력을 세상에 적용하고 창의적 활동을 함으로써 아이들 간의 격차를 좁힐 수 있으리라 생각하기 때문이다. 그렇다면 아이들에게 공부 격차, 사회적 격차가 심화한 이유는 무엇인가? 그것은 바로 코로나19로 빠르게 비대면 시대에 돌입하며, 교육 환경 너무나 빠르게 변화했기 때문이다. 특히 아이들이 학교에 가지 못하면서 이전과 비교해 학습 수준과 발달 수준 또한 저하된 상태이다. 그러나 아이들 간의 격차에 대해서는 한 번 더 생각해 보아야 한다. 사실 성장기 아이들에게 격차는 의미가 없다. 저마다 개성이 있고, 능력이 발휘되는 시기가 다르며, 격차는 얼마든지 해소할 수 있기 때문이다. 아이들에게 중요한 것은 '정체성의 확립과 정서적 안정감'이다. 특히, 이 시기에 성적이라는 성과를 기준으로 삼는 건 바람직하지 않다.

강조하고 싶은 것은 우리 아이들은 시대의 전환점에 있다는 것이다. 지금은 이미 다가온 미래를 마주하고 무엇을 어떻게 준비해야 하는지 다방면으로 살펴볼 시간이다. 통찰을 통해 시대의 흐름을 이해하고 대비해야 하는 시간이다. 그래서 아이들의 성적이 아닌 능력에 초점을 맞춰야 한다. 아이들의 미래를 준비하는 데에 있어 여전히 성적이라는 시스템에 갇혀있는 것은 아닌지, 격차의 해소를 성적을 끌어올리는 것으로만 여기는 것은 아닌지 생각해보자.

문해력과 컴퓨팅 사고력은 디지털 시대 아이들에게 필수 능력이자, 격차 해소와 미래를 결정하는 능력이다. 두 가지 능력이 별개처럼 보이지만 디지털 시대를 관통하는 차원에서 보면 맥을 같이 한다. 문해력의 위기라고 해서 디지털 시대의 흐름에 역행할 수는 없으며, 디지털 시대라고 해서 컴퓨팅 사고력만을 강조할 수는 없다. 즉, 문해력이 뒷받침되지 않으면 디지털 문화를 바로 이해할 수 없다.

디지털 시대에 문해력과 컴퓨팅 사고력의 균형 잡힌 교육은 아이들의 성장에 긍정적인 영향을 줄 것이다. 그리고 두 능력의 주체가 아이들이라는 건 분명한 사실이다. 이 책이 다른 책과 차별화되는 점이 있다면 문해력과 컴퓨팅 사고력의 연결도 있지만 보다 근본적인 접근으로 아이들을 바라보았다는 점이다. 학습 차원보다는 아이와 소통할 수 있는 감성을 담았다.

아이들의 성장은 산을 오르는 것과 같다. 철저한 준비와 강한 인내가 필요한 일이기 때문이다. 그렇게 정상에 올라야 비로소 산의 아름다움과 웅장함, 자연의 섭리를 알 수 있듯이 아이도 문해력을 통해 세상을 입체적으로 관찰하며 발전한 자신의 모습을 보게 될 것이다.

이 책은 아이를 위한 책이자, 아이를 바라보는 부모님을 위한 책이다. 아이의 성장과 함께 부모의 성장에도 양분이 되었으면 한다. 부모의 성장통은 아이의 성장통 못지않다. 아이들에게만 시대적인 교육이 필요한 것은 아니다. 부모 역시 먼저 알고 지도하고, 소통해야 한다.

아빠의 역할을 강조했다. 디지털 시대에 디지털 기기를 다루는 능력이 엄마보다는 상대적으로 익숙한 이유도 있지만, 무엇보다 '아빠 효과'라고 부르는 특별한 영향력 때문이다. 아빠와의 소통은 아이에게 전인격적으로 영향을 준다는 '아빠 효과'다. 확실히 이전 세대보다 아이와 함께하는 아빠가 많다. 그러나 여전히 아이와의 관계가 어색하고, 표현에 서툰 아빠들도 많다. 나 역시 이 책을 쓰며 많이 반성하고 울고 웃었다.

문해력과 컴퓨팅 사고력은 일상에서 어렵지 않게 배우고 활용할 수 있는 능력이다. 그리고 소통은 가족의 일상에 작지만 큰 변화를 일으킨다. 아이의 언어를 이해할 수 있는 문해력을 지닌 부모가 될 수 있도록 하자. 디지털 시대에 아이를 어떻게 키울지 고민하는 부모님들께 이 책을 바친다.

목차

2장 아빠가 공부해야 하는 이유

3장 초등 문해력, 컴퓨팅 사고가 답이다

4장 컴퓨팅 사고, 단계별 적용 방법

5장 배움을 넘어 실생활에서 활용하는 컴퓨팅 사고력

1장.

디지털 시대,
왜 문해력인가?

아이의 스마트폰 중독 이대로 괜찮을까?

스마트폰 중독은 비단 아이만의 문제가 아니다. 성인의 스마트폰 중독 현상도 무시할 수 없는 수준이다. 과연 가정에서 아이와 함께 하는 부모는 스마트폰과 어떻게 지내고 있을까? 아마 스마트폰으로 기사를 읽고, 쇼핑하고, 드라마를 보고, 게임을 하는 모습을 보면 아이의 스마트폰 중독이 어디에서 비롯되었는지 알 수 있을 것이다.

지금의 아이들은 태어나자마자 자연스럽게 스마트폰에 노출된다. 부모는 스마트폰을 이용해 식사에 집중하지 못하는 아이에게 밥을 먹이고, 우는 아이의 울음을 그치게 한다. 카메라를 켜서 아이에게 자기 모습을 보게 하고, 집안일을 할 때도 아이를 위험한 상황에 노출하지 않기 위해 영상을 틀어 집중하게 한다. 사실 이만한 좋은 방법이 생각나지 않는다. 그러나 스마트폰 사용에 적절한 통제가 없으면 성장기 아이들의 발달에 악영향을 끼친다는 건 자명한 사실이다. 아이들의 두뇌 발달을 포함해 아이와의 대화도 줄어들면서 정서적 타격을 줄 수 있다. 최근에 나오는 AR, VR을 활용한 교육 콘텐츠도 옆에서 봐주지 않으면 소용이 없다. 처음에는 신기해서 흥미를 갖지만, 금세 찾지 않을 것이다. 더 재미있는 유튜브나 게임이 있는데 지루한 공부를 스스로 한다는 건 상상하기 어렵다. 여기에 일단 그만하라는 부모의 말에 '엄마와 아빠는 되고 왜 나는 안 되느냐'라는 논리를 펼치는 아이들에게 어떻게 답해야 할지 막막하다.

사실 스마트폰은 한 번 빠지면 헤어나기가 쉽지 않다. 유튜브나 인터넷 쇼핑도 사용자가 검색한 목록을 분석해 관심 있어야 할 만한 정보를 추천하는 세상이다. 알고리즘이라 불리는 이 시스템은 성별, 나이, 국적 상관없이 모두를 빠져들게 했다. 정말 시간 가는지 모르고 들여다보게 된다. 그렇다면 이런 스마트폰 중독을 해결할 방법은 무엇일까? 스마트폰 중독은 사실 술이나 담배처럼 끊어 버리는 게 아니다. 완전 차단이 아니라 건전하게 활용할 수 있도록 교육하고, 조절력을 키워주는 것이 핵심이다. 중독의 다른 말은 몰입이므로, 그 몰입과 집중력의 방향을 공부나 생활 쪽으로 잡아준다면 문제될 것이 없다.

중독을 달리는 말에 비유해보자. 달리는 말을 멈추기 위해서는 한 번에 멈추는 게 아니라 고삐를 당기며 서서히 멈춰야 한다. 관성의 힘을 무시하고 한 번에 멈추려고 하면 그건 사고다. 그러므로 스마트폰에서 헤어나지 못하는 아이에게 감정적으로 화내고 통제하기보다는 조절력을 키워 서서히 제어하게 하자. 우리집도 한창 아이들이 '로블록스'라는 게임에 빠져 있던 시기가 있었다. 식사 시간에도 게임에 열중하느라 오지 않아 큰소리를 냈더니, 아이들은 잔뜩 짜증이 난 말투로 "한 번만 더, 한 번만 더!"를 외쳤다. 그러고는 결국 아빠의 큰소리에 마지못해 게임에서 손을 놓았다. 문제는 밥을 먹고 숙제하는 데도 온전히 집중하지 못하는 모습이었다. 이러다가는 비뚤어지는 게 아닌가 걱정되었다. 그래서 나는 극단적인 방법으로 스마트폰의 게임 앱을 지우고 전화만 되도록 설정해 버렸다. 그러나 효과는 없었다. 여전히 아이들의 집중력은 떨어져 있었고, 할 일이 없을 때는 안절부절못하며 불안 증세마저 보이는 듯했다. 그러자 이번에는 TV를 보기 시작했다. 요즘 아이들은 정규 프로그램을 보지 않는다. 유명 유튜버의 채널이 별도로 편성되어 있어 TV로 유튜브를 본다. 이번에는 TV를 치워야 하나 고민이 되었다.

과연 우리 아이들이 언제부터 이렇게 변하기 시작했는지 되짚어 보았다. 아무래도 게임을 시작할 무렵 '아이 스스로 조절할 수 있겠지.' 하며 믿고 지켜보고자 했던 순간인 것 같았다. 바쁘고 피곤하다는 핑계로 스스로 잘하겠거니 했던 마음이 결국 방치가 되어 버린 셈이다. 어릴 적 50원, 100원짜리 동전을 모아 오락실에 드나들다가 어느 순간 게임에 대한 흥미가 사라져 버린 내 과거를 생각하며 아이들도 그러려니 하기도 했다. 아이와의 소통도 부족했다. 학교 마치고 돌아와 무엇을 배웠고, 누구랑 놀았고, 만들어 온 작품을 자랑하는 아이에게 무미건조하게 반응했던 것도 생각났다.

고민 끝에, 나는 아이들과 게임을 함께하기로 했다. 일방적인 통제와 명령은 효과가 없었고, 로블록스 게임이 얼마나 재미있길래 이렇게 빠져드는지, 요즘 게임은 어떤지 궁금한 마음도 있었다. 직접 해보니 신세계였다. "와! 이거 정말 장난 아니게 재미있다!" 어릴 때 오락실에서 했던 게임과는 차원이 달랐다. 실감나는 장면에서는 식은땀이 나고, 실패했을 때는 탄성이 저절로 나왔다. 재미있는 장면이 연출되면 아이들과 웃기도 했다. 나는 아이들에게 게임에 대해 이것저것 물어보았다. 설명하는 아이의 모습을 보니 근래에 이렇게 신나 하는 모습을 본 적이 있었던가 싶었다. 그리고 이제 곧 저녁 먹을 시간이고 숙제도 있으니 여기까지 하자고 했다. "조금만 더."를 외칠 줄 알았던 아이들은 예상외로 너무 깔끔하게 "네!" 하고 일어났다. 그날의 저녁 식사는 오랜만에 즐거웠다. 특히 아이들은 게임을 잘하지 못하는 아빠의 어리숙한 모습을 정말 좋아했다. 게임 레벨이 꽤 높은 아이에게 대단하다고 해주니 더 대단한 친구도 많다고 한다. 게임상이지만 자신의 수준을 정확히 파악하고 있는 아이의 모습에 조금 놀랐다. 나는 조심스럽게 이야기를 이었다. "함께해서 정말 즐겁고 행복했어. 그런데 앞으로는 할 일부터 하고 아빠랑 같이 게임을 하면 좋겠어. 공부가 지루하고 재미없겠지만 앞으로 정말로 하고 싶은 일을 하고, 돈도 벌고, 게임도 오래 즐기려면 공부해야 하는 거야. 알겠지?" 그러자 아이는 "사실 너무 현질하고 싶었는데 참았어. 현질해야 캐릭터도 꾸미고 게임도 잘할 수 있는데."라고 말했다. 현질이라는 표현에 놀랐지만, 생각 이상으로 게임 속에서 세상을 배우고 있다는 점에 다시 한번 놀랐다.

아이와 게임을 해보며 그간 내가 게임에서 배우는 절차와 노력, 목표, 성취, 전략, 인내, 소통의 유익함마저 무시한 건 아닐까, 아이가 그렇게 짜증을 내고 거칠어진 건 중독 때문이 아니라 집중하는데 끊기는 흐름 때문이 아닐까 하는 생각이 들었다. 부모도 스마트폰으로 드라마를 보거나, 쇼핑하고 게임할 때 누군가 그만하라고 하면 짜증이 나지 않는가. 이후 나는 아이들이 스스로 게임을 조절하는 모습을 목격했다. 부모는 시간이 다 되었다고 게임을 무조건 차단해 버릴 게 아니라 아이의 조절력을 키워주어야 한다. 가능한 한 주말, 정해진 시간에 게임을 하고, 주중에는 학생으로서의 본분을 다하도록 하는 게 좋겠다. 이렇게 게임을 조절하면 자녀와 선순환의 관계를 형성할 수 있다.

그리고 아빠와의 소통이 중요한 이유가 있다. 현실 감각을 찾기 위해서다. 게임은 가상 세계이고 현실은 우리가 발 딛고 있는 이곳을 말한다. 아이는 이 두 세계가 다르다는 걸 충분히 인지하고, 나아가 게임은 사람이 만든 것이고 나도 만들 수 있다는 사실을 알아야 한다. 특히 영유아기와 초등 저학년 때는 현실과 가상의 세계를 모호하게 느끼기도 한다. 아이의 건강한 성장과 발달을 위해 곁에 어른이 있어야 함을 잊지 말자. 동심을 파괴하는 것이 아니라, 지나친 몰입을 방지하기 위한 차원이다.

그렇다면 아이들은 어디에서 게임을 접해 중독에 이르는가? 보통은 학교에서 친구들과 만나며 시작한다. 시대의 흐름이 그렇기도 하다. 게임뿐 아니라, SNS도 마찬가지다. 아이들은 카카오톡으로 일찍 그들만의 세상을 구축한다. 그러나 여기에는 우려할 부분이 있다. SNS를 일찍 접하는 아이는 권력의 맛을 알게 된다. SNS로 친구를 조롱하고 괴롭히고 따돌리는 현상을 보면 알 수 있다. 아직 사회성이 부족한 아이들은 죄의식 없이 친구의 약점을 놀리고 재미있어 하기도 하는데, 그것이 집단성을 띠면 범죄로 이어진다. 남의 이야기가 아니라 내 아이의 이야기이다. 한동안 나는 카카오톡을 차단했다. 피해자가 될 수도, 가해자가 될 수도 있는 상황에 차단은 불가피했다. SNS 사용으로 인한 범죄는 게임 중독과는 다른 이야기다. 올바른 정체성 정립 없이 스마트폰에 노출되는 게 얼마나 위험한지 알게 된 경험이기도 하다. 즉, 게임뿐 아니라 스마트폰 사용에는 어른의 세심하고 각별한 지도가 필요하다.

스마트폰 없이 쉬는 것도 가르쳐야 한다. 아이들과 시골 체험을 하러 갔을 때다. 개울에서 수영도 하고 손톱에 봉숭아물을 들일 예정이었는데 갑자기 비가 쏟아지는 바람에 오두막에서 솥뚜껑에 부침개를 부쳐 먹게 되었다. 나는 오랜만에 느끼는 여유가 참 좋았다. 그러나 아이는 그렇지 않았나 보다. 좀처럼 기다리지 못하고 심심하다며 보채기 시작했다. 이런 아이를 보며 나는 또 다른 과제를 하나 떠안은 듯했다. 요즘 아이들은 쉬는 시간이 되면 스마트폰을 쥔다. 우리도 어느 정도 스마트폰과 멀어지는 삶을 살고 있었지만, 올바른 휴식은 취하지 못했다는 생각이 든다. 아이들은 집에서 스마트폰 대신 TV를 보았다. 그러다가 할일과 준비물을 까먹기 일쑤였다. 시각과 청각의 자극이 없는 상태에서 정신을 맑게 하고 차분한 마음을 갖는 것은 반드시 익혀야 할 능력이다. 인내력으로 이어지기 때문이다.

생각해보니 우리 아이들은 꽉 막힌 도로에서 가만히 창밖을 내다보며 사색하는 시간도 없었다. 늘 스마트폰을 만졌기에 자신만의 생각에 몰입할 기회가 없었던 것 같다. 아이의 성향이라기보다 부모의 지도가 부족했던 게 아닐까 한다.

생각하는 힘은 가만히 집중할 때 자란다. 넘치는 에너지로 가만히 있는 것 자체가 힘든 시기임은 분명하지만, 그래도 아이들에게는 휴식의 기술이 필요하다. 역시 함께할 문제다. 일정이 없을 때는 언플러그드 활동에 집중하자. 밖에 나가서 천천히 산책하고, 음악을 들으며 마음을 차분히 하자. 그리고 대화하자. 아이와 부모 모두에게 필요한 시간일 것이다.

스마트폰은 디지털 세상에서 보약과 같은 존재다. 그런데 보약은 우리 몸을 보해주기도 하지만 과하면 부작용이 생긴다. 개인에게 맞는 적절한 섭취가 중요하다. 게다가 아이에게는 아무리 몸에 좋은 보약이라고 해도 독하게 처방하거나 많은 양을 권하지 않는다. 디지털 시대에 스마트폰의 활용도는 나날이 높아질 것이다. 우리는 이 평생의 보약과 같은 스마트폰을 지혜롭게 활용할 수 있어야 한다.

책을 멀리하는 아이들

나에게는 '책' 하면 떠오르는 역사적 인물이 두 명 있다. 바로 조선 시대 천재 군주 세종과 정조다. 세종은 어릴 적부터 책 읽기를 과하게 좋아해서 책과 떨어져 있으라며 방 안에 갇혔고, 정조는 엄청난 독서량으로 문체반정을 일으키며 신하들을 꽉 쥐어 잡았다. 한 권의 책을 읽을 때마다 새롭다는 세종과 모든 책을 외우다시피 하여 자신만의 문체로 신하들을 휘어잡았던 정조. 두 군주는 조선사에 눈부신 업적을 이루었다.

아이에게 두 왕만큼은 아니더라도, 책의 유익함을 아는 부모는 아이 곁에 책을 가까이 두고 싶다. 그렇다면 독서는 왜 해야 하는가? 독서는 생각하는 힘을 길러주고, 생각하는 힘은 행동하는 힘이 되며,

행동하는 힘은 변화와 혁신을 가져다주기 때문이다. 또한, 독서는 나무의 뿌리와도 같아서 튼튼하고 깊이 박힐수록 나무를 튼튼하게 자라게 한다. 독서의 장점은 디지털 시대에 더욱 강조된다. 빅데이터라고 불리는 엄청난 양의 정보를 분석하고 해석해 가치를 창출하는 데 기본이 되는 능력이 바로 독서로 길러지기 때문이다. 그런데 요즘 아이들의 독서량을 보면 그렇게 부족하지도 않다. 부모의 어린 시절보다 다양하고 많은 양의 책을 읽으며, 책을 읽을 수 있는 환경도 좋아지고, 정규 교육 과정에서도 충분히 강조되고 있다. 그런데 왜 이렇게 아이들이 독서력이 걱정될까?

바로 문해력 때문이다. 문해력은 단순히 글을 읽고 해석하는 능력이 아니라, '글의 의미를 해석하고, 창의성을 유도하여 입체적인 사고력을 갖게 하고, 표현하고 의사소통하는 능력'을 말한다. 또한, 문해력은 성장기 아이들이 겪는 문제들(중독, 결핍 등)에 대한 솔루션을 제공하며 주의력, 집중력, 인내력, 창의력, 문제해결력 등의 능력을 갖추게 한다. 아이들이 책을 읽고도 전혀 무슨 내용인지 파악하지 못한다거나, 상대가 알아들을 수 있게 표현하지 못한다면 문해력이 부족할 확률이 높다. 학업에서도 공부는 하는데 성적은 오르지 않고, 문제를 잘 읽고도 오답을 적는다면 문해력이 부족해서다. 장기간 미디어에 노출된 아이일수록, 책에 재미를 느끼지 못하는 아이일수록, 모르는 단어를 찾아보지 않는 아이일수록 그렇다.

사실 과거에는 TV 노출만으로도 아이들의 사고력 저하를 염려했다. 그러나 지금은 TV를 포함해 컴퓨터, 태블릿, 스마트폰 등 너무 많은 디지털 기기가 아이의 시선을 사로잡는다. 그만큼 아이의 사고력을 위협하는 것들이 몇 배는 높아졌다. 한때 유행했던 '침대는 과학입니다'라는 광고 문구를 생각해보자. 이 광고 문구는 침대가 가구라는 사실을 전제하고 과학적으로 만들어 편안하다는 것을 강조하는 마케팅 문구다. 숨은 의미를 알면 자연스럽게 해석되는 문구이므로 문해력이 작용하면 문제될 게 없다. 그런데 문제는 일부 초등학생들이 정말로 '침대는 가구가 아니다'라는 사실로 받아들인 것이다. 문해력 부족에서 비롯된 해프닝이다. 그러나 지금은 그때보다 미디어 노출 정도가 비교할 수 없이 높다. 주의해서 지도하지 않으면 내 아이가 '침대는 가구가 아니다'로 받아들이는 아이가 될지도 모른다.

문해력 저하는 곧 사고력의 저하를 뜻한다. 이를 방지하려면 독서가 가장 효과적이다. 그런데 부모보다 책을 많이 읽는 세대임에도 아이들의 문해력이 저하되는 이유는 무엇일까? 일단, 그 답을 찾기 전에 우리 아이는 책과 얼마나 친한지 파악해보자.

아이가 혹시 책을 그저 독서 노트를 채워야 하는 숙제 때문에 읽고 있는 건 아닌가? 독서 후 생각을 정리하는 시간을 충분히 확보하였는가? 책은 많이 읽기보다 제대로 한 권을 읽는 게 중요한데, 책과 친하지 않으면 제대로 읽을 리 만무하다. 또한, 책과 친하다는 것이 독서를 한다는 뜻은 아니다. 아이들은 책의 표지나 색을 보고 예뻐서 가까이 두기도 하고, 책 속의 삽화나 일러스트를 좋아해서 가까이 두기도 한다. 쌓고 놀기 위해 책을 집어 드는 아이도 있다. 그래도 이런 식으로라도 아이가 책을 가까이한다면 일단은 성공이다.

그런데 책을 펼치고 문자를 접한 순간부터는 조금 달라진다. 특히 문자에 부담을 느끼는 아이는 이때 확실히 책과 멀어진다. 부담감은 지루함과 두려움이 원인일 수도 있고, 미디어 노출이 원인일 수 있다. 요즘은 미디어를 활용한 교육 시장이 넓어졌다. 그러나 보고 듣는 데에 치중한 교육은 좋은 교육이 될 수 없다. 반드시 문자를 이해하고 해석하는 문해력이 함께해야 한다. 문해력이 저하되면 문자가 두렵다. '시청각적으로 접근하면 금방 이해되는데 굳이 힘들고 지루한 책을 읽어야 할까?'라는 의문을 갖는다면 표면적인 이해에서 벗어나지 못하는 사고력의 한계에 부딪힐 것이다.

작은아이는 언어 습득이 빨랐다. 3살부터 어른과 대화할 수 있었고 표현력도 풍부했다. "엄마가 데리러 오면 행복하고, 아빠가 데리러 오면 즐거워요."라는 말도 구사할 수 있었다. "아빠. 내일이 너무 기대되어서 잠이 안 와요."라는 말에 내일이 특별한 날도 아닌데 어디에서 저런 표현이 나올까 싶었고, 할아버지께 "할아버지, 응가 치워주세요."라며 요구사항을 정확하게 전달하는 것을 보았을 땐 신기했다. 그런데 초등학교 입학을 앞둔 시점에 문제가 생겼다. 말을 잘하는 모습에 가려져 있던 문해력의 진짜 수준을 보게 된 것이다. 엄마와 책도 즐겁게 읽고, 짧은 글도 쓰고, 스마트폰으로 메시지도 보낼 줄 아는 아이라 오히려 뛰어난 아이라고 생각했는데, 너무나 단순한 문제를 못 풀겠다며 가져왔다. 스토리텔링형 수학 덧셈 문제였는데, 문제(텍스트)를 보지 않고 그림만 보고 풀려고 하니 풀리지 않는 것 같았다. 문제를 읽어보라고 했는데 읽고도 이해하지 못한다. 혼란스러웠다. 아빠인 내가 차근차근 설명해주니 그제야 비로소 너무 쉬운 문제라고 잘 풀어나갔다.

아이가 말이 빠르고 한글을 일찍 깨쳤다고 해서 안심하면 안 된다. 중요한 것은 글자를 읽고 그 뜻을 생각할 시간을 가졌는가이다. 훈련의 영역이다. 아이가 분명히 문제의 개념을 이해하고, 똑똑한데도 성적이 저조하다면 문해력 문제를 의심해보아야 한다. 시험은 대부분 문자로 치러진다. 유치에서 초등 저학년에 글을 이해하는 충분한 훈련을 하지 않는다면, 시험을 본격적으로 치르는 고학년에 어려움을 겪을 수 있다. 학년이 올라갈수록 문제와 지문이 길고 그 안에 포함된 어휘의 수준이 높다. 기본적인 문해력 수준을 갖추고 훈련이 된 아이와 그렇지 않은 아이의 격차는 벌어질 수밖에 없다. 물론, 시간이 지나면 문해력의 기본 능력은 갖춰진다. 다만 그 발현 시기가 언제일지는 장담할 수 없다.

문해력을 제때 키우려면 지도자의 역할이 중요하다. 문자와 친해지기 위해 문해력 전문학원이나 논술학원에서 프로그램에 따라 배우는 것도 좋지만, 가장 좋은 방법은 가정에서 부모와 함께 독서를 통해 자연스럽게 습득하는 것이다. 부담도 덜하고 시간도 가장 많이 확보할 수 있다. 그런데 내 경우, 막상 아이들과 하루 30분씩 책을 읽으며 독서 습관을 갖추려니 쉽지가 않았다. 일단 30분 독서를 위해 준비하는 시간이 만만치 않았다. 무슨 책을 읽을지 고르다가 시간을 다 보내고, 책에 집중하는 분위기도 잡히지 않았다. 그러나 여기에서 포기할 수는 없다. 도저히 시간을 내기 힘들고 비효율적으로 느껴진다면 잠자기 전 30분 시간을 활용하자. 잠자기 전 시간은 뇌가 가장 창의적이고 정서적인 안정을 되찾는 시간이다. 키즈카페나 놀이공원에 가듯이 도서관을 찾는 것도 좋은 방법이다. 규모 있는 근사한 도서관에 가서 책을 읽는 사람을 보게 하고, 원하는 책을 찾아 빌리게 하자.

개인적으로는 아이의 일기를 책으로 제작해준 것도 효과가 있었다. 자의든 타의든 일기를 쓰는 아이라면, 그 일기를 멋진 겉표지와 제목을 단 책으로 내주자. 일기 쓰기 자체의 장점도 있지만, 일찍이 세상에 한 권뿐인 나만의 책을 갖는 것은 굳이 설명하지 않아도 가치가 있는 일이다. 그림이나 만든 작품을 사진으로 찍어 엮어도 아이가 책에 흥미를 갖게 하는 도구가 된다.

아빠, 문제 이해가 안 돼요

일단 아이가 풀리지 않는 문제를 들고 찾아온다면 칭찬하자. 스스로 공부하다가 찾아온 것이니 걱정이 아니라 칭찬하는 게 마땅하다. 누구나 문제를 이해하지 못하는 시기가 있다. 시험을 본격적으로 마주하는 시기와 시험에 대해 인지하고 제대로 공부를 시작하는 시기에 그렇다. 대개 초등학교 2~3학년 때 맞닥뜨리는 관문이다. 주목해야 할 부분은 공부해서 분명히 개념을 알고 있음에도 '문제를 이해하지 못해' 풀지 못하는 경우다. 문제를 이해하지 못하는 이유는 앞서 언급한 문자에 대한 부담감 또는 부족한 어휘력 때문이다. 그리고 요즘 수학 문제 유형은 예전과 다르다. 예전에는 간단한 계산이나 조금의 생각만 거치면 답을 낼 수 있었지만, 요즘은 일정 수준 이상의 사고력을 발휘해야만 풀 수 있는 문제가 많다. 풀이 과정에서 파생하는 다양한 요구 조건을 맞춰야 하는 문제는 어른도 한 번 보고 가르치기 힘든 정도다. 나는 아이 수학 지도를 위해 교재를 꼼꼼히 살펴보았다. 다른 과목은 곧잘 하면서 왜 유독 수학만 못하는지 싶었는데, 문제 유형을 보고 깨달았다. 찍어도 되는 객관식은 하나도 없고 주관식 문제와 스토리텔링형 문제, 풀이 과정의 빈칸을 채우는 문제가 빼곡했다. 그러나 아이의 수준을 생각해 보면 아예 못 풀 문제는 아니었다. 직관적인 계산력은 학습지로 어느 정도 훈련이 되어 있었고, 문제는 조금만 세심히 읽으면 될 정도였다. 그래서 나는 아이가 문제를 못 푸는 게 아니라 안 푸는 거라는 결론을 내렸다. 지문 읽기의 부담감과 귀찮은 문제는 피해 버리는 성향이 주요 원인인 듯싶었다. 아니나 다를까, 아이는 문제를 풀다가 긴 지문과 모르는 단어가 나오면 사고가 멈추는 것처럼 보였다. 그러고는 깊이 생각하지 않고 엉뚱한 답을 해 버렸다. 화가 났다. 그래서 나는 아이를 앉혀 놓고 같은 문제에 숫자만 바꿔서 풀리고는 또 틀리는 모습에 불같이 화를 냈다. 아이는 아빠를 무서워하고, 나는 아이에게 사과하는 악순환이 이어졌으니 좋은 방법은 아니었다.

그러나 지금 아이는 수학 만점을 받았다고 자랑하고, 나는 칭찬하며 용돈을 주는 아빠가 되어 있다. 매번 만점을 받는 것도 아니고 여전히 전쟁 중이지만 좋아진 건 확실하다. 지금의 수학은 단순히 계산력으로 푸는 게 아니다. 교육 과정에서 요구하고 있듯이, 어느 정도의 문해력 수준에 도달해야 좋은 성적을 받을 수 있다. 게다가 문제를 이해하는 것을 포함해 적용하고 응용하는 능력도 많이 필요하다. 당시 내 아이는 성장 발달 과정상 '적용하고 응용하는 능력'이 채 발현하지 못한 때 같다. 그래서 집중력과 주의력이 떨어져 보이고, 어렵고 싫은 것을 감당하지 못했던 것이다. 나는 아이 개인의 성장 발달 정도는 고려하지 않고, 학교에서 요구하는 수준을 잣대로 아이를 판단한 것을 반성했다.

아이의 수학 성적이 한창 저조할 때 아이를 논술학원에 보냈다. 역시 전문가의 손길을 거치니 다르긴 달랐다. 가정에서 하는 교육의 한계와 중요한 부분을 놓치고 있었다는 내 부족함을 느꼈다. 그러나 아이가 집중력과 주의력을 키울 수 있었던 건 엄마의 지속적인 피드백 덕분이라고 생각한다. 아이는 상대적으로 아빠인 나보다 엄마와 더 정서적인 교감을 많이 했다. 대신 나는 옆에서 칭찬하고 응원하며 아이와 함께하는 분위기를 만들었다. 간섭이 아니라 '지켜보고 있다'라는 따뜻한 눈길로 말이다.

아이를 키우다보니 어려워진 교육 과정이 야속하기만 하다. 그러나 적응해야 한다. 그리고 어느 정도 문제 유형과 읽기에 익숙해지고 풀기 시작한다면 체계적인 훈련이 필요해진다. 과목별로 집중해야 할 단계로 진입할 때가 되었다는 이야기다. 우리 아이도 문제 풀이에 익숙해질 즈음 수학 공부방에 다녔다. 수학 점수가 눈에 띄게

오른 것이 그때부터였다. 조금 느린 아이라고 해서 걱정할 필요가 없다. 능력이 한 번 발휘되면 격차는 금방 좁힐 수 있다는 것을 내 아이를 통해 깨달았다. 물론 아이의 수학 성적이 오른 건 기본적으로 논술학원에 다니며 기른 문해력 실력 덕분이다. 계산력보다 문제를 이해하지 못하는 것에 초점을 맞춰 선택한 결정이었다. 그리고 논술학원에 보내고는 문해력이란, 단순히 독해력이 아니라 삶에 필요한 적응력과 응용력까지 포함한다는 것을 알았다.

'수학을 잘하면 다른 과목도 잘한다'라는 말이 이제는 옛말임을 느낀다. 수학적 사고, 논리적 사고, 과학적 사고, 메타인지 등이 강조되는 사회를 거치며, 이제 사회는 창의적이고 복합적인 사고 능력을 요구한다. 하나를 알면 열을 알아야 하는 능력이 강조되고 있다. 사실 어떤 능력이 좋고 나쁘고를 떠나 모두 삶에 필요한 능력들이다. 어떤 능력이 먼저 발현하는지에 따라 그 시기에 수학을 잘할 수도 있고, 못할 수도 있는 것이다. 그리고 분명한 것은 사회에서 요구하는 능력이 무엇인지 고민하기보다 내 아이의 성향과 발달 과정을 심도 있게 관찰하고 지도하는 것이다.

자유롭게 표현하지 못하는 우리 아이

아이는 엄마 배 속에서는 발길질로 감정을 표현하고, 태어나서는 울음으로 감정을 표현하고 필요한 걸 요구한다. 나도 아내의 배에 손을 올리고 동화책을 읽어줄 때마다 발을 구르는 아이의 행동에 늘 감동했다. '아빠의 목소리에 반응한 걸까? 아빠를 빨리 보고 싶다는 표현인가? 시끄럽다는 건가?' 하며 알 수 없는 아이의 반응에 경이로워했다. 여기에서 분명한 건 아이가 아빠를 인지하고 반응한다는 것 자체다. 아이는 태어나서 울음으로 다양한 감정을 표현하고, 어느 순간 말하기 시작한다. 이때는 신기할 뿐 아니라 귀엽고 대단해 보인다. 그런데 모순되게도 이때부터 부모는 아이와의 교감에 소홀해진다. 나도 아이가 속상하고 마음대로 되지 않아 울 때마다 "그런

일로 울면 안 되지. 더 잘하려고 노력해야지. 너는 왜 갈수록 어려지니."라는 말로 타일렀다(사실 어제도 밥 먹으면서 그랬다).

솔직한 감정을 표현하는 것은 중요하고 칭찬받을 일이다. 그리고 성장 발달에 맞는 표현을 하고, 거기에 대한 부모의 관심이 있다면 나쁘지 않다. 일단 아빠가 바라는 아이의 모습을 주머니 속에 넣어두고, 속상한 아이의 마음에 귀 기울이며 공감하는 시간을 갖자. 그래야 아이가 자존감을 지킬 수 있다.

사실 아이들의 표현 대부분이 감정 표현이며, 어릴수록 감정 표현에 충실하다. 아이가 표현을 잘한다는 말은, 화려한 말솜씨로 발표를 잘한다거나 타인을 설득하는 기술이 남다르다는 게 아니다. 그저 기쁠 때 기뻐하고, 슬플 때 슬퍼하고, 화날 때 화를 내는 게 표현을 잘하는 것이다. 부정적인 감정의 표현도 지극히 마땅하고 건강한 표현이다. 아이는 이렇게 상황에 맞는 감정을 느끼고 표현하며 성장한다. 그리고 이에 반응하는 부모나 친구들의 태도를 보며 감정을 조절하는 능력을 키우게 된다. 애니메이션 〈인사이드 아웃〉을 보면, 주인공 라일리는 행복했던 고향을 떠나 새로운 도시에 정착하면서 복잡하고 다양한 감정을 경험한다. 그리고 좀처럼 적응되지 않는 환경에 지쳐가고, 자신의 감정을 수용해주지 않는 부모와 멀어진다. 라일리가 다시 자신의 정체성을 찾은 건 자신의 감정과 소통하고 이해하기 시작하면서부터다. 아이는 이 애니메이션의 주인공처럼 기쁨과 슬픔을 느끼고 화도 낼 수 있는 인격체다. 성장기 아이의 표현력을 진단하고 싶다면, 부모로서 아이의 감정을 얼마나 이해하고 수용해주는지부터 돌아봐야 할 것이다.

어릴 때 감정을 표현하는 법을 제대로 익히지 못하면 성인이 되어서 문제를 겪을 수 있다. 대화가 없는 가정에서 자란 아이는 말이 늦고, 감정을 억누르는 분위기의 가정에서 자란 아이는 감정 표현에 서툴다. 특히 우리나라의 가부장 문화는 감정 표현을 제한하는 대표적 원인이다. 권위적인 분위기의 가정은 부모와 자녀 간에 충분한 대화가 이루어지지 않고 다소 무겁다. 이전보다 민주적이고 다정한 아빠가 많아졌지만 그래도 여전히 아빠보다는 엄마와 정서 교류가 원활하기도 하다. 아이와 둘이 있는 것을 어색해하는 아빠의 이면에는 과묵하고 근엄한 모습이 자리 잡고 있다. 이런 아빠는 무한한 사랑을 품고 있지만 최대한 표현을 자제하는 아버지 밑에서 자랐을 확률이 높다. 무의식 속에 자리 잡은 아버지의 모습이 성인이 되어 여과 없이 드러나는 것이다. 또한, 상대적으로 아빠는 엄마보다 아이와 함께하는 시간이 적다. 그런데 아빠에게는 묵직한 한방이 있다. '아빠 효과'라고도 불리는 '아빠의 존재에서 오는 영향력'이다. 이 영향력이 아이의 성장에 크게 작용하는 것을 보면 아빠의 역할이 중요하다는 걸 느낀다. 이제 속마음을 숨기고 책임감만을 강조하는 아버지의 모습은 이상적이지 않다. 엄마보다 함께하는 시간이 적다고 해서 아이에게 영향을 덜 미치는 게 아니므로, 아빠는 양보다 질로 아이와 소통해야 한다. 가르치기 전에 교감하고, 아이의 말과 행동 표현에 세심하게 반응하자. 아이의 부정적인 마음도 수용해주자. 부정적인 감정에 대한 표현을 제한받으며 자란 아이는 중요한 순간에 제대로 표현하지 못하는 어른이 된다. 놀림당하고 싸워서 속상한 아이의 마음에 공감해주지 않으면 아이는 입을 닫게 될 것이다. 아이는 안 그래도 속상한데 부모에게까지 지적받기 싫다. 아이는 외롭다. 아이에게는 자신의 이야기를 들어줄 사람이 필요하다.

물론, 아이의 자존감을 위해 감정에 공감하고, 아이를 바른길로 안내하는 것은 부모의 엄청난 인내심을 필요로 하는 일이다. 부모는 스승이자, 같이 밥을 먹고 잠을 자는 식구라는 점을 잊지 말자. 부모 또한 함께 생활하는 가족이다. 본능적으로 배움의 자세를 갖추고 태어나는 아이에게 일일이 가르치기보다 모범을 보이는 게 좋겠다. 아이는 부모의 행동을 보며 '이럴 땐 이렇게 하는 거구나.' 하며 스펀지처럼 흡수하며 자랄 것이다. 표현을 잘하는 아이로 키우고 싶다면 부모가 아이에게 아낌없이 사랑을 표현하고, 대화하자. 책 읽는 아이로 키우고 싶다면 부모도 책을 읽고, 아이의 스마트폰 사용이 걱정된다면 부모의 스마트폰 사용실태를 점검하자.

시중에 자녀 양육서가 많지만, 정답은 없기에 나는 내 아이에 맞추어 키워왔다. 사진을 잘 찍는 노하우를 묻는 누군가의 질문에 "그냥 찍으면 돼요."라고 말한 김중만 작가의 말처럼, 나도 그렇게 두 명의 아이를 키웠다.

왜 공부한 것을 활용하지 못하나

요즘 아이들에게는 충분한 학습 시간이 주어지지 않는다. 충분한 학습 시간이란 공부한 것을 온전히 내 것으로 만드는 시간을 말하는데, 사실 학교와 학원에서 무언가를 배워 깊이 있게 학습까지 하기에는 한계가 있다. 또한, 여러 과목을 배우면서 왜 배우는지를 모른다. 그냥 학교에서 가르치니까 배우는 수동적인 학습에 머무는 아이가 대부분이다. 부모도 공부의 목적을 과목별로 설명해주기보다는 '공부해야 좋은 대학에 가고, 좋은 회사에 가서 성공한 삶을 산다'라는 공식만 이야기해줄 가능성이 높다. 그래서일까? 아이들은 배운 것을 활용하지 않는다. 수학 성적도 좋고 계산을 곧잘 하는 아이여도 부모는 아이에게 마트에 가서 직접 물건을 골라 계산까지 해보도록 허락하지 않는다. 현금보다 카드를 많이 쓰기에 아이들의 물건값에 대한 개념도 흐리다. 그리고 웬만하면 부모가 다 사주니 인내심을 갖고 용돈을 모아 물건을 사보는 경험도 없다.

초등학교 때 잘하던 아이가 중학교에 진학해 방향을 잃는다면 '공부의 목적'을 모르는 것도 원인이다. 공부의 목적을 어느 정도 알면 공부는 즐거운 과정이 된다. 그 예로, 나는 아이와 제품에 디자인을 입혀서 온라인에 팔아 수익을 내는 POD라는 플랫폼을 이용해 아이의 그림을 판매한 적이 있다. 우선, 스케치북이나 A4 용지에 그린 그림을 스캔해서 사이트에서 제공하는 제품에 입히고(스캐너가 없으면 스마트폰으로 그림을 그리거나, 인터넷의 무료 이미지를 이용해도 좋다), 가격을 정해 온라인 마켓에 올렸다. 처음에는 단순히 아이가 만든 작품이 들어간 티셔츠를 입는 즐거움 정도를 예상했지만, 아이는 너무나 신기해하고 신나 했다. 친구들에게 자랑도 한 모양이다. 그런데 친구들이 안 산다고 했단다. 너무 비싸서? 많이 안 알려져서? 왜인지 궁금해하는 아이에게 나는 너무 비싸면 안 팔리고 너무 싸면 돈을 못 벌며, 그래서 홍보와 마케팅이 필요하다고 말해주었다. 나아가 돈 계산을 잘하기 위해 수학을 배우는 것이고, 사람들에게 광고하기 위해 영어, 미술, 음악, 국어도 배우는 거라고 알려주었다. 내 말을 다 이해했는지 모르겠지만 아이에게는 공부의 목적을 알게 하는 씨앗이 되었을 거라고 확신한다. 왜 공부해야 하는지 의문을 품게 했고,

생활 속에서 활용하는 것을 보여주었기 때문이다.

이후 아이는 그림을 잘 그리고 싶다며 태블릿PC를 사달라고 했고 나는 잘 활용하면 좋은 교육이 될 수 있기에 흔쾌히 응했다. 그런데 그림 그리는 앱 사용법을 아이도 모르고 나도 모른다. 그래서 나는 아이에게 해당 앱 사용법 강좌를 찾아서 보게 했고, 아이는 곧잘 따라 하며 앱 사용법을 익혀 물건을 제작해 올렸다. 아이는 이 과정에서 교실 밖에도 배움이 있다는 걸 깨닫는다.

아이들에게는 배움을 확장할 기회가 부족하므로, 가정에서 연결고리를 찾아 동기를 유발해주어야 한다. 공부를 열심히 한다고 해서 공부의 진정한 목적을 안다고 하기 어렵다. 아이들에게는 친구와 선생님께 인정받기 위해, 엄마에게 혼나지 않기 위해, 공부가 재미있어서 등 공부의 목적이 제각각이다. 요즘 아이들에게는 결핍이 없다. 공부의 목적과 동기 부여는 결핍에서 기인한다고 생각한다. 배움의 목적은 현실적인 문제를 스스로 해결하기 위함이 아닐까? 당장 아무것도 없는 무인도에서 살아남아야 하는 것은 아니지만, 주어진 문제 상황을 인지하고 해결하는 능력을 키워주는 것에 중점을 두어야 한다.

공부한 내용을 얼마나 기억하는지도 살펴야 한다. 지금은 '기억력 감퇴'의 시대이다. 장기 기억하는 훈련이 없으면 공부의 효과가 떨어진다. 평소에 기록하고 메모하는 습관이 중요한 이유다. 스마트폰이 없던 시절에는 웬만한 지인들의 전화번호는 다 외우고 다녔다.

그런데 지금은 가족의 전화번호조차 외우지 못하는 사람이 많다. 달달 외울 필요는 없지만 필요할 때마다 찾을 수 있도록 메모하고, 메모함으로써 머릿속에 정보를 저장하는 능력을 키워야 한다. 돌아서면 까먹는 아이들, 해야 할 일을 생각하지 않는 아이들에게는 기록을 시각화하는 습관이 필요하다. 복습을 다각화하자. 하교 후 집에서 무엇을 배웠고, 기억에 남는 이야기를 해보게 하면 성적이 달라진다. 학교에서 식물에 관해 배웠는데 기억하지 못하는 아이라면, 집에서 식물을 통해 계절의 변화와 생태계의 원리를 이해하고 확장하도록 돕자. 산책이나 여행 중 꽃을 발견하면 네이버 스마트렌즈로 직접 검색해서 찾아보게 하면 작은 식물학자로 만들 수 있다. 왜 이런 이름이 붙었는지, 이 꽃과 같은 종류는 무엇이 있는지 혹은 먹을 수 있는 것인지 등을 알아보면서 배운 것을 상기하고 기억하고 활용하는 것이다.

초등학생에게 배움이란 대부분 수용적이다. 일방적이라는 말이다. 이런 일방적인 교육은 단순 암기를 강조하고, 단기 기억만을 익숙하게 한다. 그러므로 부모가 학생이 되고, 아이가 선생님이 되어 그날 배운 내용을 가르치게 하자. 아이들은 가르치기 위한 준비를 하며 그날 배운 많은 내용을 상기해 장기 기억화할 것이다. 이 장기 기억화된 정보는 빠르게 많은 양을 학습하게 하며, 확장에도 기여한다. 구체적으로 초등학생은 다음 단원으로 넘어갈 때 배운 내용을 되도록 많이 빠르게 기억할 수 있어야 한다.

아이의 수준은 성적에 있지 않습니다

지금의 학교는 아이의 성장을 주도하는 곳이 아니라 요구하는 곳이 되어 버린 것 같다. 어려워진 정규 교과 과정과 시험은 아이들을 사교육 시장으로 내몬다. 나도 아이의 수학 성적이 저조해 담임선생님과 상담하다가 집에서 신경 좀 쓰셔야겠다는 말에 충격을 받았다. 아이의 부족함을 채워주는 역할을 학교 밖의 일로 내몬 것처럼 느껴지기도 했다. 내가 현실 감각이 없는 아빠인가 싶고, 눈물을 보이는 아내를 보니 기분이 좋지 않았다. 공교육의 현실을 비꼬고자 하는 말이 아니라, 공교육이 아이들에게 충분한 교육을 제공하지 못하는 시대적 흐름에 대한 이야기다. 그러나 나는 성적이 아이의 성장을 평가하는 절대적 지표가 아니기에 너무 얽매이지 말라고 하고 싶다. 본격적인 수험을 준비하기 전 단계에서의 부모의 지나친 대응은 오히려 아이의 가능성을 뿌리내리지 못하게 할 수 있다.

성적에 대한 고민과 시험에 대해 인식하는 것은 아이의 몫이다. 부모의 지혜로운 지도는 이때 필요하다. 부모는 성적이 중요하다는 걸 매우 잘 안다. 그래서 성적에 민감할 수밖에 없고 아이가 잘하는 모습을 보고 싶어 한다. 하지만 아이들은 어떤가? 이제야 문제에 적응하기 시작했다. 한두 문제 겨우 풀어본 단계이며, 시험이 무언가를 결정짓는 현실적인 사안이라는 인식도 없다. 시험에 긴장하는 아이도 있지만, 대부분은 시험을 그리 중요하게 받아들이지 않는다. 그래서 성적을 받아들었을 때 무섭게 돌변하는 부모의 태도에 어리둥절하기도 하기도 하고, 건강이 최고라며 잘 놀면 만족하던 부모에게 낯선 감정을 느끼기도 한다. 반면, 부모는 성적이 저조한 아이를 보면 조급해진다. '이러다가 못 따라가는 것은 아닐까, 교과 과정이 계속 어려워진다는데 잘할 수 있을까, 친구들에게 무시당하는 건 아닐까, 잘 먹고 살 수나 있을까, 서울에 있는 대학은 들어갈 수 있을까, 결혼은 할 수 있을까' 꼬리에 꼬리를 무는 엉뚱한 물음에 몰입한다. 그러다가 TV를 보며 해맑게 웃고 있는 아이의 모습이 뭔가 산만하고 부족해 보이기 시작한다. 부모는 지금 당장 해결할 문제를 고민한다. 'TV를 치워야 하나? 스마트폰을 뺏어야 하나? 학원은 어디가 좋지?'라고 말이다.

이런 고민을 하기 전에 이제 막 적응하기 시작한 아이에게 정서적 안정감과 학생으로서의 정체성을 심어주고 있는지를 살피자. 이 시기의 아이가 틀리고 실수하는 건 당연하다. 그 실수를 채근하기보다 실수해도 괜찮다고 격려하고, 다음에 실수하지 않을 방법을 찾는 게 학생의 본분임을 이야기해주자. 그래야 아이가 실수 앞에서 흔들리지 않는다. 성적에 대한 칭찬에도 기술이 필요하다. 자신의 존재 자체보다 잘 받은 성적에 더 기뻐하고 행복해하는 부모를 보며 성적에만 집중하는 소통을 할 수 있기 때문이다. 심심치 않게 기사로 접하는 안타까운 소식들에 마냥 억지스러운 논리는 아니라고 본다.

부모와 선생님의 바람대로 성장하는 아이가 몇이나 될까? 바르게만 자라는 것도 이상하다. 좌충우돌, 질풍노도의 시절은 인생에 있어 당연히 겪는 과정이고 어른들도 수없이 흔들린다. 게다가 아이도 때로는 그냥 공부하기 싫고, 시험 당일 컨디션이 안 좋을 수도 있다. 이제 막 공부를 시작하는 아이에게 지나치게 엄격한 잣대를 들이댈 필요는 없다. 아이들이 '실수'를 어떻게 받아들이는지를 살피자. 실수를 반복하지 않고자 하는 노력으로 여기는지, 실망과 실패로 여기는지 말이다. 아이가 실수를 받아들이는 태도는 100% 부모의 영향이다.

성적이 저조하다는 것은 아이의 위기가 아니라 이제 무언가를 본격적으로 준비하라는 신호다. 발등에 불이 떨어졌다고 여겨 비상사

태를 선언하고 성급히 불을 끄는 게 아니라, 말 그대로 신호이기 때문에 아이에게 맞는 처방을 찾아 시작하면 된다. 아이가 좋아하는 것은 무엇인지, 잘하는 것은 무엇인지, 무엇이 필요한지 차분히 진단하자. 시험의 중요성에 대한 조언은 그 과정에서 이루어진다. "시험 잘 봤어? 몇 점 받았어?"라며 채근하듯 접근하기보다 시험을 통해 무엇을 점검해야 더 잘할 수 있을지, 노력하는 자세가 얼마나 중요한지를 이야기해주자. 성적을 강조하기보다 시험의 중요성을 아이가 스스로 깨닫도록 기다려주는 것이다.

시험을 보는 것은 진짜 사회를 배우기 시작했다는 뜻이다. 이제 시작인데 전부인 것처럼 성적에 매달리며 대응할 필요가 없다. 사실 초등학교에서 대학교까지 학생 신분으로 있는 동안은 진짜 시험을 준비하는 기간이다. 이 시절에는 많은 경험과 실수를 극복하는 경험을 통해 뿌리를 단단히 내려놓아야 한다. 그런데 이 학창시절부터 성적과 시험에 지쳐 버리는 학생이 많은 것 같다. 초등학교 때는 참 착하고 잘했는데 중학교 가면서 못한다는 아이, 고등학교에 진학해 흔들리는 아이, 대학교 가서 정신 못 차리는 아이, 사회에 진출해서도 좀처럼 방향을 잡지 못하는 사람 모두 이유가 여기에 있지 않을까 싶다. 좋은 시험 성적을 거두기 위한 과정은 분명히 있다. 학원에 다니고 과외를 받으며 엄격한 훈련을 거치면 당장 좋은 성적을 낼 수도 있다. 하지만 아이들의 재능은 성적으로 발견되지 않는 경우가 많다. 예술 분야는 더 그렇다. 천재적인 재능이 학교 교육 시스템으로 인해 꽃을 피우지 못하는 아이도 간혹 있다. 즉, 성적이 저조하다고 아이에게 재능이 없는 게 아니다.

아이들은 여전히 시험과 성적보다는 새로운 것, 신기한 것에 호기심이 왕성하다. 모든 시선과 에너지가 집중된다. 시험과 성적으로 이 넘치는 에너지가 소비되지 않았으면 하는 바람이다. 시험과 성적은 그다음이다. 왜 공부하는지 왜 시험을 보는지 알게 되면 아이들은 성적을 위한 공부가 아니라 진짜 공부를 하면서 인생의 큰 그림을 그리게 될 것이다. 학교 시스템에 맞추는 게 아니라 학교 시스템을 활용한다고 생각하며 아이를 지도하자. 생활에 꼭 필요한 정보와 지식은 학교 밖에서 배운다. 대중교통에 대해서 배우지만 정작 대중교통을 이용할지 모르는 아이들, 영어를 배우지만 외국인 앞에서 얼어 버리는 아이들을 보면 과연 잘 배웠는지 의문이 든다.

현재 교육 시스템을 보면 저학년 때 창의성 교육이 집중되고 고학년으로 갈수록 교과에 치중되는 경향이 있다. 개인적으로는 창의성 교육이 초등 고학년에 배치되어 지속해서 이루어졌으면 한다. 창의성은 경험과 지식이 쌓인 후에 발휘되기 때문이다. 아이디어는 완전히 새로운 게 아니라 기존의 틀에서 조금 다른 생각과 접근에서 나온다. 나는 직업상 사회 초년생 때부터 창의성을 요구받았다. 끊임없이 개선점을 파악할 것과 새로운 제안을 요구받았으며 그것이 성과로 이어졌다. 그래서 창의성은 후행적 능력이라고 본다. 저학년 아이들에게 창의성보다 다양한 경험과 독서를 통한 지식 쌓기를, 고학년 아이들에게 창의성 교육을 강조하는 이유다. 또한, 저학년 때 쌓은 경험과 지식은 나름의 적용과 활용을 통해 학습에 필요충분한 동기 부여가 될 것이다. 보수적인 접근일지 몰라도 40년 넘게 살아온 과정을 보니 그렇다.

이는 아이들의 성적은 물론, 진짜 수준을 가늠하는 문해력을 배우는 절차와도 다르지 않다. 문해력은 글을 입체적으로 보며 의미를 파악하고 해석하는 능력이다. 처음부터 새로운 해석을 강조하지 않는다. 그저 독서와 학습을 통해 훈련하며 입체적인 사고를 갖추게 한다. 그러므로 초등학교 저학년 아이라면 다양한 경험과 독서로 풍부한 지식을 쌓는 게 먼저다.

뭔가 달랐던 서울대 친구들

나에게는 참 똑똑한 친구가 많다. 솔직히 나 빼고 다 똑똑한 것 같다. '하나를 보면 열을 안다'라는 표현이 딱 맞는 친구들이다. 이들은 같은 시간, 같은 내용을 같은 교재로 공부하더라도 이해하는 정도와 암기력의 수준이 달랐다. 수업 시간에 핵심을 찌르는 질문으로 선생님께 칭찬받기도 했다. 그리고 이들은 교수가 되고, 사업가가 되고, 공무원이 되고, 회사원이 되었다. 각자의 자리에서 충분히 인정받으며 잘 사는 친구들이다. 이야기의 주제가 직장생활로 바뀌어도 여전히 사회 흐름과 연관해 잘 이해한다. 얄밉다. 반면 나는 엄청 쉬운 문제에도 엉뚱한 답을 써내는 학생이었다. 그리고 최근에야 내가 그들과 무엇이 달랐는지 알았다. 바로 문해력의 차이였다. 각자 공부 방법은 달랐지만, 확실히 '글을 이해하는 능력, 확장하고 적용하는 능력, 순간 집중력, 장기 기억력'의 수준이 달랐다. 조금 더 구체화하자면 독서량에 차이가 있었다.

나는 당시 독서보다는 몸소 체험하기를 좋아하는 아이였다. 만화책은 그나마 좋아했으나 기본적으로 책은 지루해했다. 수학은 곧잘 했다. 계산해서 딱 떨어지는 답을 얻었을 때의 희열에 누가 시키지 않아도 수학 난센스 문제를 풀기도 하고, 풀리지 않는 문제에 몇 시간, 며칠을 매달려 답을 얻기도 했다. 그러나 다른 과목은 수학 성적의 반밖에 미치지 않았다. 당시의 정론인 '수학을 잘하면 다른 과목도 다 잘한다'라는 말을 나는 빗겨나갔다. 반면, 똑똑한 내 친구들은 다른 과목도 다 잘했다. 나와는 달리 주관식도 척척 푸는 친구들을 떠올려보니 나는 텍스트에 대한 부담으로 문제를 차근차근 읽지 않았던 것 같다. '글을 읽다 보면 앞 문장이 기억나지 않는' 전형적인 문제가 있었다. 문해력의 관점으로 보면 왕초보 단계였을 것이다.

독서를 하며 그 내용을 머릿속으로 그려보는 과정은 단순히 단어와 문장을 이해하는 데에 국한되지 않고, 문맥을 살피며 핵심을 찾게 한다. 그리고 의미의 확장과 적용 능력을 구축한다. 그러나 직접적인 경험을 중시하고 만화책에 길든 나는 독서를 통한 이런 능력을 키우지 못했다. 당연히 시험을 준비하며 같은 교과서를 보더라도 받아들이는 정도에 차이가 났다. 교과서를 읽으며 맥락을 이해하고 중요한 개념을 찾기보다 '중요해 보이는 단어'에만 집중했을 것이다.

숲을 보느냐, 나무를 보느냐의 차이다. 독하게 마음먹고 시험 범위까지 교과서를 통째로 외우다시피 한 적도 있지만, 고득점을 얻지는 못했다. 당시에는 시험 문제가 이상하다고 불평했는데, 지금 생각해보면 독서에서 얻어지는 적용력과 확장의 수준이 성적을 가른 게 아닌가 한다. 몸소 얻은 깨달음은 책을 통해 얻는 깨달음보다 확실하지만, 원석이 보석으로 다듬어지기까지의 기간은 훨씬 오래 걸리는 법이다.

내가 어릴 때 문해력이라는 용어를 알았다면 뭔가 달랐을까? 수학적인 감각에 문해력까지 갖추었더라면 지금과는 다른 인생을 살게 되었을까? 과거는 과거일 뿐 의미는 없다. 그냥 그때의 친구들이 현재 내 삶을 풍요롭게 하고, 친구들을 닮고 싶은 마음이 충분히 내 인생에 자양분이 되어 주었다고 하고 싶다. 어울리면서 똑똑한 척하고, 알아듣는 척하며 더 공부했던 이 억지스러운 과정도 나에게는 피와 살이 되었다. 지금도 그 친구들을 따라잡기 위해 열심히 노력하며 살고 있다. 여전히 전공 분야를 공부하고 자기 계발하고, 디지털 시대 디지털 노마드로서의 인생을 계획하면서 말이다.

본격적으로 문해력이 길러진 건 취직해서 보고서 하나를 작성하며 단어 하나, 띄어쓰기 하나 혼나가며 문장을 배우고, 대학원에서 논문을 쓰면서부터였다. 부동산 계약서 등 공문서를 접할 때 비로소 왜 문해력이 중요한지도 알았다. 문해력이 문서에 국한되는 건 아니다. 사회생활을 생각해보라. 상사의 말이나 고객의 말에서 숨은 뜻을 알아들어야 처세에 능해진다. 문해력은 삶의 곳곳에 필요하다. 그리고 문해력 기르기의 일등공신은 일기 쓰기였다. 일기를 통해 생각을 정리하는 습관은 만족할 만한 직장을 얻고, 지금 이 글도 쓰게 했다.

우리는 자주 아이와 대치한다. 공부하라고 하면 책상에 앉기까지 한참이 걸리고 갑자기 방 청소를 하는 아이를, 평소에는 보지도 않던 뉴스와 사극까지 섭렵하는 아이를 타이르기도 하고 혼도 낸다. 이럴 때면 유전자가 어디 가나 싶기도 하다. 내 아이는 똑똑한 내 친구들이 아니라는 것을 인정하자. 그리고 내가 겪었던 시행착오를 최소화하고, 행복한 미래를 살아갈 수 있도록 지도하자. 아이를 지도하는 것은 부모인 내가 성장할 기회이기도 하다는 생각으로 힘을 내자.

문해력은 모든 변화의 시작이다

성인이 되어 사회생활을 시작하면서 한 번쯤 하는 말이 있다. "학교 다닐 때 이렇게 공부했으면 서울대 갔다."라는 말이다. 그만큼 열심히 일하다 보니 후회 섞인 진심이 튀어나오는 것이리라. 사실 이는 학습량을 떠나 사회생활을 하며 얻은 통찰력에서 나오는 말이다. 중요한 것은 실행력이다. 통찰을 통해 지금 하는 일을 갈고닦는다면 회사의 중역이 되고, 그대로 머문다면 도태할 것이다.

성공한 이들의 공통점 중 하나는 많은 독서량은 물론이거니와 자신의 인생을 바꾼 책이 있다는 것이다. 물론 인생을 바꾸는 것은 누군가의 말 한마디일 수 있고, 예기치 않은 상황일 수 있다. 그러나 양질의 변화를 가져다주는 것은 책이다. 또한, 책은 견디기 힘든 좌절감을 극복할 수 있게 하는 능력을 기르고 단단하게 한다. 결국, 책을 가까이하면 성공의 길을 걷게 된다.

내가 문해력을 매력적으로 생각하는 이유는, '노력하지 않으면 가질 수 없는 능력'이기 때문이다. 우리는 살아가면서 다양한 문제를 만나고 해결하는 과정을 반복한다. 그렇다면 이런 '문제해결력'은 어떻게 기르는가? 기본적으로 이미 가지고 있는 지식과 경험치가 많으면 맞닥뜨린 문제는 문제가 아니게 된다. 찰나의 순간 얻는 영감은 그동안 쌓인 내공이다. 두 평 남짓한 점포에서 치킨의 맛을 연구하던 사장님은 물엿을 한 번 넣어보고는 전 국민이 사랑하는 양념치킨을 개발했고, 대학교 앞 세 평 짜리 가게에서 달콤한 소스를 넣어보라는 손님의 말에 개발한 토스트는 우리나라의 대표적인 프랜차이즈 중 하나인 이삭토스트가 되었다. 실험 용기에 콧물을 한 방울 떨어뜨려서 탄생한 페니실린, 초강력 접착제를 만들려다가 실패해 만든 포스트잇 모두 그간의 고민과 노력으로 쌓아올린 내공이 있었기에 탄생한 발명품이다. 사회적 성공이 문해력과 무슨 관련이 있는지, 위의 성공 예시가 적절한 예시인지 의문을 품을 수도 있겠다. 그러나 문해력은 단순히 책을 잘 읽는 데에서 끝나는 게 아니라, 의미와 의도를 파악하는 독해력부터 책 속에 담긴 알토란 같은 정보를 흘려보내지 않는 데까지 영향을 미친다. 기록하고 적용하고 실험하기를 수없이 반복하며 문제를 해결하고 목표를 성취하게 하는 것이문해력이다. 노력이 없으면 절대 이룰 수 없는 것들이다. 노력이 없으면 밥을 떠먹여 주어도 먹지 못한다. 성공한 이들이 '운이 좋았다. 우연이었다'라고 말하는 것은 겸손의 표현이다. 아이들에게 문해력을 지도할 때는 충분한 노력이 뒷받침되어야 한다는 것을 알려주자.

지금은 홍수처럼 넘쳐나는 콘텐츠에 노력보다는 선택에 익숙한 시대이다. 화려하고 달콤한 영상과 언어의 유혹을 뿌리치기가 어렵다. 간단한 것조차 쉽게 선택하지 못하는 소위 선택 장애를 겪거나, 신중히 선택한 것에 집중하지 못하고 금방 다른 것에 눈 돌리는 사람도 많다. 너무 많은 선택할 거리에 노력이라는 에너지를 소비해 버리는 게 지금의 시대인 것이다. 나는 디지털 노마드 인생을 준비하기 위해 온라인 클래스 플랫폼을 들여다보았다. 컴퓨터로 강의만 들으면 하루에 수백만 원, 한 달에 천만 원 이상을 벌 수 있다는 광고에 홀려 아낌없이 몇십 만원을 투자해 강좌를 결제했다. 신세계였다. 다양한 분야의 강의를 들으며 그간 내가 우물 안 개구리였구나 싶었다. 그러나 곧 디지털 노마드가 아니라 '디지털 노가다'였음을 깨달았다. 많은 사람이 도전하지만 90% 이상이 포기하는 이유를 알았다. 결론은 광고처럼 하루 몇 시간 투자해 많은 돈을 벌 수 있으려면 엄청난 노력이 있어야 했다. 알고 보니 그들 중 성공한 사람은 이미 관련 경력이 상당하거나 내공이 있는 사람들이었다. 단군 이래 돈 벌기가 제일 쉽다고 한 분은 얼마 전 과로로 쓰러졌다. 노력 없이 얻을 수 없다는 건 진리인데, 광고에 혹해 쉽게 살아보고자 한 나를 책망했다.

이런 선택에 익숙해져 버린 일상은 아이들에게도 고스란히 영향을 준다. 알고자 하는 노력 없이, 콘텐츠에만 익숙해진 아이들은 화려하고 자극적인 영상에 생각할 힘을 빼앗긴다. 그저 보고 듣는 직관적인 능력만 기르게 된다. 그 정보가 어디에서 나온 건지, 무슨 뜻인지 찾아보기는커녕 옳은지 그른지 판단조차 어려워한다.

얼마 전, EBS 〈당신의 문해력〉에서는 10대들의 어휘력을 진단했다. 출연하는 학생들은 '기적 소리, 사흘, 글피' 등의 단어를 알지 못했다. 역사 시간에 배우는 이자겸의 난에서 '난'의 의미를 몰랐고, '장인어른'이라는 단어를 몰라 수업 진행이 어려웠다. 교과서에 나오는 단어로 어휘력을 진단했는데, 도움 없이 혼자서 교과서를 읽을 수 있는 아이는 9%에 불과했다. 그러나 이러한 결과만 보고 학생들의 어휘력 수준이 저하되었다고 판단하는 데에 왠지 모를 거부감이 들었다. 시대적 변화를 배제하고 어른들의 시선으로 학생의 수준을 진단했기 때문이다. 사실 해당 단어를 모르는 건 그만큼 경험하지 못하고, 사용하지 못했기 때문이다. 몇 년 전 아이와 생태 전시장에 간 적이 있다. 그곳에는 내가 어릴 때 개울가에서 많이 보던 소금쟁이와 장구벌레, 송사리 등이 있었다. 나는 이걸 돈 주고 봐야 하나 싶었지만 아이는 달랐다. 신기해하고 즐거워했다. 이렇게 시대적 흐름

속에서 사용하는 어휘도 변한다. 예를 들어, 우리 아이들은 외할머니와 외할아버지라는 단어를 아예 사용하지 않는다. 그냥 할아버지와 할머니라고 부른다. 핵가족화가 진행되고, 1인 가구가 늘어나면서 정도는 더 심해질 것이다. 학년이 올라갈수록 심화한 지식을 배우며 익혀야 할 어휘는 늘어난다. 그래서 선생님이 있는 것이다. 모르면 가르쳐주면 된다. TV에서 랩을 구사하는 학생을 보자. 그들은 수없이 노랫말을 적고 수정하며 연습했을 것이다. 작사는 문해력이 없으면 할 수 없는 일이다. 당장 모른다고 학생을 탓하며 위기감을 조장하기보다 문해력의 수준을 끌어올리기 위한 교육 시스템과 사회적 인식이 필요하다고 본다. 모르면 알려주고 찾게 해보는 과정을 강조하고 싶다.

변화가 익숙한 디지털 시대. 문해력으로 긍정적인 변화를 이끌고, 인생에 가장 필요한 능력을 함양해야 한다. 어쩌면 독서에 대한 고전적 이미지가 디지털 시대에 어울리지 않고 오히려 시대에 역행하는 느낌이 있을 수 있겠다. 그러나 독서는 시대를 막론하고 강조되지 않은 적이 없고, 여전히 유효하며, 오히려 모든 것을 재해석해 새로운 가치를 찾아야 하는 디지털 시대에 가장 중요한 행위이다. 세종은 한 권의 책을 수천 번 읽고, 읽을 때마다 새로웠다고 했다. 선택의 딜레마로 고민하는 이 시대에 던지는 메시지는 분명하다.

2장.

아빠가 공부해야 하는 이유

아날로그 부모, 디지털 아이

우리에게는 음악을 들으려면 카세트테이프와 카세트가 있어야 했고, 애니메이션을 보려면 비디오테이프와 비디오가 있어야 했다. 친구와 이어폰을 한 쪽씩 나누어 끼고 음악을 듣고, 비디오가 있는 친구 집에 모여 영웅을 만났다. 그러나 이러한 도구와 추억은 구시대의 유물이 되어 버린 지 오래다. 변화가 가속화한 건 스마트폰의 등장 때문이다. 지금의 스마트폰은 30여 년 전 국가별로 몇 대밖에 없던 슈퍼컴퓨터와 같은 성능이라고 한다. 이를 알고 나니 변화의 속도가 이해된다. 우리도 디지털 세대임은 분명하다. 컴퓨터 게임을 즐기고, 인터넷으로 소통하고 공부도 했다. 그래서 아이들이 마주하는 디지털 콘텐츠를 이해하지 못할 수준은 아니다.

그러나 소통의 어려움은 대물림되는 것 같다. 아이들은 보통 사춘기 시절, 정체성을 정립할 무렵부터 부모와 갈등을 빚기 시작한다. 갈등은 서로의 견해차에서 비롯한다. 살아온 환경이 다르므로 당연하다. 부모는 살아오며 겪은 변화와 그 속에서 터득한 굳건한 논리로 자녀를 양육하지만, 아이들은 이런 부모의 속을 알 리 없다. 좋은 것만 주고 싶은 부모의 마음을 이해할 수 있을까? 아이는 경험이 없기에 좋은지 나쁜지 모르며, 살아온 기간이 짧기에 돌아볼 과거가 없고 과거를 돌아보는 일이 익숙하지도 않다. 부모의 지혜를 쉽게 받아들일 수 없다. 이것이 아이들이 무작정 수용하지 못하는 이유고, 일방적으로 가르쳐서는 안 되는 이유다. 그리고 갈등 해소는 서로의 차이를 수용하고 타협하는 정도에 있지만, 사실 아이와는 그렇지 않다. 그냥 상대를 인정하는 순간 해소된다. 솔직히 성장하는 아이와 타협한다는 게 우습기도 하다.

인생의 가치관이 거의 정립된 부모와 모든 것이 새롭고 이제 시작하는 아이들과의 차이는 이미 존재한다. 아이들의 시선은 '오늘과 내일'인 반면, 부모의 시선은 '어제와 오늘'이다. 부모는 아이의 미래를 위해 내일을 준비하지만 좀처럼 과거에서 벗어나지 못한다. 과거의 잣대로 오늘과 내일을 사는 아이와 소통하려 한다. 그러나 부모와 아이 사이에는 '오늘'이라는 접점이 있지 않은가. 이 접점으로 소통해야 한다. 부모에게는 엄청난 헌신이 따르는 일이다. 가끔은 헌신의 고달픔을 누군가에게 위로받고 싶기도 하고, 대가 없는 무한한 사람을 주는 일에 대한 인정을 받고 싶기도 하다. 그러나 아이에게 보상받고자 하는 심리는 지양해야 한다. 자녀와 소통 불가라는 대물림을 끊기 위해서라도 말이다.

디지털 시대 아이들을 이해하기 위해서는 함께 공부해야 한다. 부모의 세대와 지금 아이들의 세대는 다르다. 부모 세대는 좋은 대학에 진학해 안정적인 직장에 들어가면 어느 정도 안정된 생활을 꾸릴 수 있었다. 그러나 좋은 학교와 성적으로 인재를 고르는 시대는 끝나고, 시대의 흐름을 읽고 통찰력을 갖춘 인재를 필요로 하는 시대가 되었다. 편리해진 세상 이면에 더욱 복잡하고 어려워진 세상을 살아가는 셈이다. 요즘 아이들의 꿈은 다양하다. 과학자, 회사원, 의사, 판사와 같은 직업을 이야기하던 과거와 달리 이제는 유튜버, 프로 게이머, 웹툰 작가 등 부모 시절에는 존재하지도 않았던 직업을 말한다. 아울러 인공지능으로 대체되는 직업도 많아질 예정이다. 졸업 후 직업을 갖는다는 개념도 희박해지고 있다. 아이들은 당장 원하는 일을 시작하기도 해 수익을 얻기도 한다.

로블록스는 누군가가 만든 게임을 즐기거나 직접 게임을 제작해 올릴 수 있는 메타버스 게임 플랫폼이다. 전 세계 많은 아이들이 이 로블록스로 소통한다. 여기서 메타버스란 '가공, 추상'을 의미하는 메타(Meta)와 '현실 세계'를 의미하는 '유니버스(Universe)'의 합성어로 현실과 가상이 혼합된 세계를 일컫는다. 가까운 미래 사회를 준비하기 위해 많은 글로벌 기업과 국내 기업이 메타버스 시장에 뛰어들고 있으며, 네이버의 메타버스 플랫폼 제페토는 이용자가 전 세계 3억 명이 넘는다. 기사에서 심심치 않게 접하게 되는 '사이버 입학식, 사이버 교육, 사회적·문화적 활동'이 모두 여기에서 이루어진다. 마치 영화 〈매트릭스〉가 현실이 된 것처럼 말이다. 그리고 우리 아이들은 이미 이 생태계에 적응하고 있다.

아이가 게임에 노출되었다고 해서 지나친 염려는 금물이다. 게임을 즐기는 정도로 할지, 프로 게이머가 될지는 아무도 모르는 일이며, 게임을 차단한다고 안 하는 것도 아니다. 부모는 게임에 관련한 충분한 정보를 제공하는 게 좋다. 실제로 게임은 소프트웨어의 꽃이라 불리며 디지털 시대의 발전을 이끌었으며, 지금도 게임 산업은 다방면으로 확장되어 활용되고 있다. 물론, 게임을 즐기는 아이에게 게임 산업에 대해 이야기해준다고 이해할 리는 없다. 그러나 단순히 즐기기만 하는 게 게임이 아니라는 생각은 심어줄 수 있다. 지금은 게임을 투자의 대상으로 바라볼 수 있는 시각도 갖춰야 하는 세상이다.

그렇다면 어떻게 디지털 콘텐츠를 활용하게 할 것인가? 게임은 산업적 중요성 외에 아이들과의 소통에서도 빼놓을 수 없는 부분이다. 함께 공부해야 하는 이유다. 아이의 디지털 중독을 방지하고 유용하고 적절하게 디지털 콘텐츠를 이용하게 하고 싶다면, 직접 콘텐츠를 만들어 제작한 영상을 편집해 올리거나, 간단한 게임을 만들어보게 하라. 아빠의 역할은 이때 중요하다. 상대적으로 엄마보다는 게임이나 디지털 기기의 활용이 익숙하고, '아빠 효과'라고 부르는 특별한 영향력이 있기 때문이다. 아이는 아빠와 함께 게임을 만들고 콘텐츠를 제작하며 특별한 사고력과 자제력을 발휘할 것이다. 아빠의 사회적 언어를 통해 디지털 기기를 다루는 법을 배우고, 정서적 안정을 찾을 것이다. 안 그래도 무거운 아빠의 어깨를 더 무겁게 하는 것 같지만 피할 수 없다면 즐겨보자! 세상에서 제일 멋진 아빠가 되어보자!

우리 아이에 대해 얼마나 알고 있나요

부모는 아이를 알기 위해 끊임없이 노력한다. 아이에 대해 잘 알고 싶은 마음에는 아이의 몸과 마음이 건강했으면 하는 바람이 담겨 있다. 그런데 이러한 관심이 정작 아이보다 부모 자신의 만족감을 위한 건 아닌지 살펴보자.

아이는 부모의 바람대로 행동하지 않는다. 부모는 아이의 건강을 위해 영양가 있는 음식과 계절에 맞는 옷을 준비하지만, 아이는 반찬 투정을 하고, 추운 겨울날 얇은 옷을 입겠다고 고집을 부린다. 얼어 죽을 일 있냐며 당장 따뜻한 옷으로 갈아입으라고 해도 아이는 생떼를 쓰며 버틴다. 이럴 때도 부모는 아이의 선택과 결정을 존중해야만 한다. 일방적인 강요, 완고함은 아이의 선택과 결정을 존중하지 않는 행위다. 하물며 어떤 부모는 아이가 초등학교 졸업도 하기 전에 진로를 결정해 두기도 한다. 이 과정에서 상처받는 건 아이이다.

아이가 무언가를 선택한다는 것은 의사결정이 가능한 때가 되었다는 뜻이다. 이때는 부모가 일방적인 소통에서 벗어나 설득과 이해로 다가서야 하는 순간이다. 하나부터 열까지 다 챙겨줘야 하는 아기를 키우던 관성에서 벗어나야 한다. 물론 "내 선택을 존중해줘!"라고 말하는 아이는 없을 것이다. 정체성을 찾기 시작하는 사춘기 전까지는 어느 정도 일방적일 수밖에 없다. 그러나 신호를 알아채지 못해 강요의 관성을 유지한다면, 사랑과 관심은 간섭이 되어 버리고 아이와의 관계에 틈이 생길 것이다. 정작 말이 통하는 시기에 아이는 입을 닫을 것이다.

갓 태어난 아기들도 의사 표현은 분명하다. 울음으로 기저귀를 갈아달라고 하고, 밥을 달라고 한다. 똑 부러지게 자신의 선택을 존중해달라고 말하지 않아도 이렇게 아이는 이미 다 표현하고 있다. 기민한 부모는 이러한 아이의 신호를 놓치지 않는다. 그러나 마음에 여유가 없는 부모는 아이의 신호를 매번 놓치고 그저 아이와 소통하기 힘들다고 여긴다. 만약 아이가 부모의 말을 유독 잘 듣는다면, 기질이 순하거나 화를 내는 부모가 무서운 까닭일 것이다.

아이를 안다는 것은 아이를 인격적인 존재로 인정하는 것이다. 아이를 위한 책과 전문가도 내 아이를 전부 설명해주지 못하며, 부모라고 해서 아무 노력 없이 아이를 다 알지도 못한다. 게다가 책과 전문가의 의견이 엄격한 기준이 되어버리는 것은 주객이 전도된 느낌이다. 아무튼, 아이는 제각각 다르고 부모는 이를 인정하고 있는 그대로 받아들이는 게 앎의 시작일 것이다.

우리나라 사람은 '싫다'라는 표현에 익숙하지 않은 것 같다. 받아들이기도, 표현하기에도 힘들다. 특히 아랫사람이 'NO'라고 하면 예의에 어긋나고 건방지다고 받아들인다. 문제는 이를 아이에게도 적용하는 것이다. 아이의 '싫다'라는 표현을 부모는 바로잡아야 하는 태도라고 인식한다. 놀이터 풍경을 보자. 놀이터에서 아이들이 어울릴 때도 제일 먼저 물어보는 것이 "너 몇 살이야?"이다. 부모는 아이들끼리 싸우면 "형한테 그러는 거 아니야."라며 타이른다. 이런 유교 문화를 바탕으로 한 수직적인 관계는 상대를 인정하는 데에 도움이 되지 않는다. 예의를 가장한 권위적 태도, 겸손이라는 이름으로 해야 할 말을 하지 못하는 분위기는 상대를 인격적인 존재로 인정하는 데 걸림돌이 될 뿐이다. 윗사람이 우월하다는 심리, 아랫사람은 가르쳐야 한다는 심리는 아이들을 대할 때 권위적인 모습을 보이는 부모의 모습과 비슷하다. 한없이 사랑하지만, 짝사랑일 수 있는 모습이다.

자, 아이가 추운 날 얇은 옷을 입겠다고 고집부리면 어떻게 해야 할까? 이럴 때는 아이의 마음에 공감하되, 설득하자. 그래도 고집을 꺾지 않는다면 나갈 때 따뜻한 옷을 준비해 나가는 게 부모의 역할이다. 본인의 선택이 옳은지 그른지 판단하는 가장 좋은 방법은 직접 경험하는 것이다. 막상 나가면 춥고, 친구들이 왜 옷을 얇게 입었냐고 물으면 아이는 스스로 깨닫는다. 가끔 자존심이 강한 아이는 추위에 벌벌 떨면서도 준비해준 옷을 입지 않고, 다음 날 감기에 걸려도 괜찮다고 하겠지만, 분명히 깨달은 바가 있을 것이다. 이때도 타박하지 않기를 바란다. 부모의 영향력을 찾을 기회를 놓칠 수 있다.

부모의 권위는 아이를 존중하는 쌍방향 소통에서 나온다. 가정에서 아이는 부모를 가장 위대한 사람으로 여겨 부모의 거울처럼 성장하지만, 어린이집이나 유치원에 다니기 시작하면 새로운 세상을 만난다. 부모가 아닌 다른 사람도 우상으로 여긴다. 이때도 부모의 권위를 잃지 않으려면 아이의 어떤 선택과 결정에도 존중해줄 수 있어야 한다.

아이는 부모의 지속적인 피드백으로 성장한다

집은 어떤 공간일까? 집은 쉬는 곳, 재충전하는 곳, 세상에서 제일 편한 곳이다. 공부하는 공간과 쉬는 공간이 구분되지 않으면 아이들은 혼란스럽다. 그래서 나는 공부는 학교와 학원에 맡기고, 집은 공부한 내용을 확인하는 정도로 분담하려 노력한다. 또한, 학교는 공부만 하는 곳이 아니라 또래와 건강한 관계를 맺고 문제를 해결하며 사회생활을 준비하는 장소이다. 아이는 학교에서 그에 맞는 것을 배울 수 있어야 한다.

부모는 아이 주변 장소에 대해서도 정확히 알아야 한다. 학원, 교회, 놀이터 등 아이가 주로 활동하는 장소를 알아야 그에 맞는 할일을 하게 하고, 아이를 입체적으로 파악할 수 있다. 중요한 것은 각 공간의 색이 모호해지지 않는 것이다. 학교와 학원에서는 재미있게 놀고, 집에 공부 거리를 싸안고 와 스트레스 받는 아이를 상상해보라. 숙제를 두고 압박하는 부모의 모습까지 더해지면 여기가 집인지 학원인지 구분할 수 없게 된다. 집이 불편한 곳이 되어 버리고 만다. 물론 집에서도 공부할 수 있다. 그러나 집에서 너무 치열하게 공부하면 학교와 학원에서 온전히 집중할 수 있을까?

집에서 누가 말을 많이 하는지 살펴보자. 부모가 많이 하는가, 아이가 많이 하는가? 부모가 많이 한다면 아이를 일방적으로 가르치고 있다는 뜻이다. 이는 나중에 부모와 소통하지 않고 집 밖을 더 편안하게 느끼는 아이로 만들 수 있다. 집에 온 아이와 주로 어떤 대화를 하는지도 살피자. 대화가 많다고 해도 학업에 관한 이야기만 많다면 아이는 집을 즐겁고 편안한 곳으로 느낄 수 없다. 부모는 그저 아이가 말하는 학교에서 배운 내용, 학교에서 있었던 일을 들어주면 된다. ""그래, 알았어. 숙제는? 공부해."라는 무미건조한 반응에서 탈피하고, 아이를 보며 한숨 쉬는 게 아니라 아이를 인정하는 마음을 갖추자.

그래서 아빠의 역할이 중요하다. 상대적으로 엄마는 아이와 매일 전쟁을 치르고 있어서 관찰자로서의 시선을 갖기 어렵다. 상대적으로 조금은 멀리 바라보는 것이 아빠다. 몰입된 엄마와 아이에게 한숨짓는 아빠도 적지 않다. 특히, 아빠 중에는 아이의 문제를 엄마의

탓으로 돌리는 사람도 있다. 이런 성숙하지 않은 사랑과 관심은 서로에게 상처를 주고 만다. 아이는 부모가 원망스럽다. 간혹 치열한 직장생활에 아이에게 신경 쓸 틈이 없다며 아이의 교육을 엄마에게 전담시키는 아빠가 있다. 그러면서 아이가 무언가를 잘못하면 "애가 그러면서 크는 거지."라고 한다. 양치질도 꼼꼼히 살피기보다 직접 하라고 하고, 학원도 꼭 보내야 하는 거냐고 말한다. 엄마가 뭔가 진행하려고 할 때마다 탐탁하지 않아 한다. 이런 가정에서 엄마는 아빠가 늘 방해가 되고 알지도 못하면서 떠든다고 생각한다. 정말 무관심한 아빠는 아이가 몇 살인지 몇 초는 생각해야 한다. "고3이라 힘들지?" 하고 아이를 격려하는데, 아이는 고등학교 2학년이다.

세상의 모든 아빠에게 미안하지만, 교육에 대해서 가족들이 내 말을 들어주지 않는다고 말하기 전에 '아이를 둘러싼 환경을 인지하고 있는지' 되돌아보길 바란다. 아이와 잘 놀아주는 아빠도 성장기 아이를 돌보기에는 다정하고 꼼꼼치 못하다. 워킹맘들은 여유가 넘쳐서 아이에게 관심을 두는 게 아니다. 아빠와 엄마 사이를 이간질하는 게 아니라, 아이를 위한 부모의 역할을 인지해야 한다는 뜻이다. 엄마는 아이에게 과한 수준을 요구하는 것은 아닌지, 아빠는 아이에게 향한 관심이 정말로 아이를 위한 것인지 생각할 수 있는 여유가 필요하다.

아이에게 주는 피드백은 부모 모두 일관되어야 한다. 엄마와 아빠의 말이 다르면 아이는 혼란스럽다. 그래서 엄마와 아빠 사이가 좋아야 한다. 사이가 좋을수록 아이에게 좋은 영향을 미치게 되고, 아이를 향한 표현도 다르지 않기에 혼란스러움을 줄일 수 있다. 또한, 엄마가 아이를 혼냈다면 아빠는 안아주고, 엄마가 아이와 소통 중일 때 아빠는 끼어들지 말자. 반대의 경우도 마찬가지다.

올바른 피드백의 핵심은 공간에 따른 역할을 수행하게 하는 것이다. 학교와 학원은 새로운 것을 배우고 부족한 부분을 채우는 곳임을 알려주자. 간혹, 스스로 학원에 다니겠다고 하는 아이 중에 공부가 아닌 친구를 만나기 위한 경우가 있다. 이런 경우라면 부모는 학원은 부족한 부분을 채우기 위해 다니는 곳이라고 인지시켜야 한다. 그리고 집은 배운 것을 확인하고 적용하며 쉬는 곳임을 알려주고 그에 맞는 피드백을 하자. 공간에 어울리는 피드백은 아이의 주의력과 집중력에 영향을 준다. 기준이 없으면 혼란을 야기하므로 명확하게 구분하도록 하자. 그러기 위해서는 아이의 말을 잘 들어주어야 한다는 것도 잊지 말자. 듣지 않고 이야기하는 것은 피드백이 아니다. 일방적이고 학업에 치중된 소통에서 벗어나기 위해서 아이의 표현에 주의를 기울여야 한다. 요즘 아이들은 부모 못지않게 집에 있는 시간이 없다. 마음의 안정을 취하는 시간이 없다는 뜻이다. 행여 집에서 비뚤어진 행동을 한다고 해서 학교에서는 그러지 않을 수 있다. 집 밖에서 충분히 스트레스 받고 집에서 편안히 있을 수도 있는 것이다. 그 표현이 말보다는 행동으로 나올 수 있기에 섣불리 아이를 진단하면 안 된다. 투정과 불평은 아이들만의 특권이다. 그 권리를 고치려고 하지 말고 그대로 인정해주자.

개인적으로 가장 멋지다고 생각하는 피드백은 아이와의 약속을 잊지 않고 반드시 지키는 것이다. 부모는 "다음에 하자."라는 말을 무심하게 뱉고는 쉽게 잊는다. 그러나 아이들은 이 약속을 잊지 않는다. 부모가 약속을 지킬 거라 굳게 믿고 쓰디쓴 약을 삼키고 무서운 주사도 맞는다. 말만 하고 행동으로 보여주지 않으면 아이에게 거짓말한 것과 다르지 않다. 아이에게는 거짓말한다며 불같이 혼내면서 정작 본인은 부모니까 괜찮다고 생각한다. 아이는 부모가 약속을 지키지 않으면 배신감을 느낀다. 존중받지 못한 아이는 부모의 말에 더는 귀를 기울이지 않을 것이며 신뢰하지 않는다. 그러므로 바쁘다면 메모해 두었다가 챙겨야 한다. 그래야 지속해서 소통할 수 있다.

일상에서 대화를 많이 하세요

하늘나라로 가신 내 아버지는 사랑이 넘치는 분이셨다. 표현 방식은 서툴어도 당신이 귀하다고 생각하는 것들은 늘 대접하고 선물하셨다. 냉정하게 말하자면, 그 선물이 상대가 원하는 게 아니라 자신이 준비한 것들이었지만, 언제나 최선을 다하신 것은 분명하다.

대한민국의 아빠들은 여전히 일방적인 소통에 익숙하며, 소통과 거리가 멀어 보이기도 한다. 가부장 사회에서 자라 수직적인 문화에 길든 아빠들은 아이와 둘이 있는 게 어색하고, 애정을 표현하기보다 타이르기에 익숙하다. 그러나 지금은 아빠의 역할이 여느 때보다 강조되고 바뀌기를 요구하는 사회다. 나 역시 그런 아버지 아래에서 자라 '말'에 익숙하지 않다. 그래서 아이와의 대화에 애쓰고 있다. 아직도 타이르고 일방적으로 가르치기도 하지만 아이의 관점으로 바라보려 하고, 아이의 감정 표현을 끌어내려 노력한다. 사소한 것 하나하나 챙기는 엄마만큼의 정서적 교감은 없지만, 아빠만이 할 수 있는 추진력과 행동으로 다가가려고 한다. 아빠의 말에는 사회적 언어가 담겨 있어서 성장하는 아이들에겐 더할 나위 없는 선생님이 될 거라 믿고 있다.

아이를 바라보는 일이 쉬고 싶고 방해받고 싶지 않은 핑계가 아니라면 아이에게 말을 아끼지 말자. 아직 말하기가 서툰 아이라면 더 많이 말 걸어주고, 어느 정도 표현이 가능한 아이라면 많이 들어주자. 간혹, 말을 해주어야 할 때는 지켜보기만 하고, 지켜봐야 할 때는 말을 많이 해 엇박자를 타는 아빠들이 있다. 몇 년간 말없이 듣기만 하다가 이제 말 좀 하겠다는 아이의 말은 적극적으로 들어주어야 한다. 대화는 문해력의 시작이다. 상대의 말을 듣고 이해하고, 내 생각과 감정을 표현하는 소통의 시작이다. 아이는 대화를 통해서 표현하는 방법, 전달하는 방법을 배운다. 아빠의 말을 전부 이해하지 못하는 아이들이어도 아빠의 눈빛과 태도는 확실한 언어가 된다.

대화하려면 아이들과 친밀감이 쌓여야 한다. 아이들도 상대에 따라 말하는 정도가 다르다. 아이와의 대화가 없다면 그만큼 아이와 거리가 있다는 것이다. 특히 아빠들은 교감보다는 통제에 가까운 대화를 하지 않도록 주의해야 한다. 말을 안 듣는 아이의 행동을 카리 스마로 해결할 수도 있지만, 그 과정에서 감정적인 화가 반복된다면 아이는 멀어진다. 더 놀고 싶은 아이의 마음을 충분히 이해해주고 아빠의 부드러운 영향력으로 친해지자. 친밀감을 높이고 싶다면 아빠와의 관계에 집중할 수 있는 놀이를 마련하는 게 좋다. 몇 가지 놀이를 소개한다.

첫 번째는 서로의 심장 박동을 느껴보는 놀이다. 아빠의 가슴에 귀를 대어 소리를 듣게 하고, 어떤 소리가 나는지 말해달라고 하자. 아빠의 품에 안겨 주의 깊게 소리를 들어보는 아이를 볼 수 있다. 아빠도 아이의 심장 소리를 듣고 '세상에서 제일 아름다운 소리, 생명의 소리'라고 말해주자. 두 번째는 눈싸움이다. 반강제로 눈을 맞추며 누가 더 오래 눈을 뜨고 있는지 시합하는 것이다. 그런데 막상 해보면 부끄럽고 이상하다. 서로의 눈을 바라보는 것만으로도 마음이 전해지기 때문일 것이다. 세 번째는 간지럼 오래 참기다. 스킨십으로 웃음을 유발하며 즐거운 시간을 보낼 수 있다. 아이가 어릴 때 관계가 어색하면 평생 어색하다. 본격적인 소통의 문제가 생기기 전에 해결하는 게 좋으며, 아이와 친한 아빠도 그 친밀감을 지속하려는 노력이 필요하다.

그리고 상황을 전달하거나 특정 행동을 유도해야 할 때는 완성형 문장으로 아빠의 감정을 정확히 말하라. 아이들이 밥 먹을 시간에 놀기만 하면 무뚝뚝한 아빠는 그저 밥을 먹으라는 요구만 할 테지만, 소통할 줄 아는 아빠는 "너희가 밥 먹을 시간에 밥 안 먹고 놀기만 해서 아빠는 기분이 좋지 않다."라고 정확히 말한다. 기분이 왜 나쁜지 정확히 이야기해주는 것만으로도 아이들은 상황을 인지하고 받아들인다.

아이와 함께하는 시간을 알차게 보내면 대화가 는다. '재미있다, 어렵다, 무섭다'와 같은 전형적인 감정 표현 외에 '긴장된다, 흥미진진하다' 등 다양한 감정 표현 어휘를 익히게 된다. 아이가 좋아하는 놀이로 접근하면 어렵지 않다.

아이들은 부모와 끊임없이 소통하고자 한다. "아빠 봐 봐! 엄마 봐 봐!"라며 자신을 보여주고 인정받고자 한다. 이런 순간을 놓치지 않았으면 한다. 충분히 수용받은 아이는 자신감이 충만하고 소통에 적극적인 아이가 될 것이다. 아직도 무슨 대화를 할지 모르겠다면 아빠의 이야기를 들려주자. 회사에서 무슨 일을 하는지, 어떤 사람과 일하는지, 오늘 무슨 일이 있었는지, 기분이 좋았는지 나빴는지 등 아빠의 이야기를 들려주면 아이들은 의외로 잘 듣는다. 처음에는 독백처럼 느껴질 수 있지만 아이는 반드시 반응할 것이다. 내 이야기를 아이에게 들려주었을 때 작은 위로를 받은 적이 있다. 오늘 일하면서 어떤 사람이 아빠에게 화를 내서 기분이 나빴다고 했더니, 아이가 "나쁜 사람들!" 하며 공감해준 것이다. 세상에는 다양한 사람이 있다는 사실을 알려주려고 했는데 예상 밖의 큰 울림을 느꼈다. 그렇게 아이를 위한 소통이 나를 위한 소통이 되었다.

아빠와의 대화는 많을수록 좋다. 대화가 많을수록 아이는 말이 늘고 표현력이 풍부해진다. 그리고 아빠는 아이의 부족한 부분을 발견하기도 하고 경청하는 훈련을 할 수도 있다. 아빠의 사회적 언어는 사회의 질서와 규칙도 알게 해준다. 현실적으로 시간이 없다고 생각하는가? 아빠도 바쁘지만, 아이도 바쁘다. 아이는 앞으로 더 바빠질 것이다. 그냥 지금 당장 함께 시간을 보내자. 밥 먹을 때, 잠자기 전 모든 순간에 수다쟁이가 되어보자.

SNS를 활용하여 아이와 소통하기

디지털 시대에 스마트폰은 필수다. 학교 과제를 확인하고 제출하는 것도 스마트폰으로 하는 세상이다. 그래서 많은 아이가 초등학교에 입학할 때쯤 스마트폰을 갖게 된다. 게임과 이용 시간에 제한이 걸린 스마트폰을 말이다. 그러나 언제까지 스마트폰을 차단할 수 있을까? 사실 막을 수 없는 게 스마트폰이다. 아이들은 이미 카카오톡, 인스타그램 등 SNS를 이용해 친구들과 소통하고 있다. 온라인에 떠도는 초등학생의 대화 수준 콘텐츠를 보면 초등학생이라고는 믿기지 않을 정도로 조숙하고 거친 표현이 오간다. 미디어로 접한 어른들의 대화를 흉내 내는 거라 생각해도 수준이 상당하다. 온라인 게임에서의 언어 수준 또한 심각하다. 욕은 기본이고 거칠고 저급한 표현이 오간다. 왜 이런 현상이 나타날까? 아마 집에서 공부에 대한 압박을 받으니 친구들끼리 PC방에서 스트레스를 푸느라 그런 것 같다. 아이들은 그렇게 부모의 눈을 피해 한번에 감정을 쏟아내고는 한다. 그렇다고 이를 모두 수용해줄 수는 없다. 여기에는 분명한 부모의 지도가 필요하다. 언어는 본인의 인격을 나타내는 수단이기에 그렇고, 범죄의 대상이 될 수 있기에 그렇다.

아이에게 스마트폰을 건넬 때는 통제보다는 스마트폰 활용에 대한 교육이 더 효과적이다. 나도 아이에게 처음 스마트폰을 선물했을 때 아이가 기뻐하는 모습에 그저 좋았다. 그리고 여느 부모들처럼 게임을 차단했다. 그러나 역효과만 났다. 아이들은 왜 엄마와 아빠는 스마트폰을 하면서 나는 못 하게 하느냐 불만이었다. 여기에서 스마트폰 중독과 게임 중독의 차이를 짚고 넘어가야겠다.

스마트폰 중독은 게임 중독과는 조금 다르다. 게임은 강제로라도 멈출 수 있지만, 스마트폰은 일상과 매우 가까워 멈추기가 힘들다. 부모가 스마트폰으로 온라인 장보기, 온라인 카페, SNS, 주식 차트를 보는 동안 아이는 SNS, 유튜브 등을 본다. 그런데 성장기 아이들의 스마트폰 중독은 각별한 주의가 필요하다. 친구들과 있으면서도 스마트폰으로 소통하는 아이들, 스마트폰이 없으면 무기력함을 느끼는 아이라면 더 주의해야 하고, 주의력과 집중력이 부족한 아이라면 스마트폰을 이용한 학습 콘텐츠도 가능한 한 피해야 한다. 처음에는 직관적이고 즉각적인 피드백의 콘텐츠에 학습력이 올라가는 것 같지만, 스스로 학습을 이어가고, 주도적인 공부를 하기에는 한계가 있다. 즉, 스마트폰 중독은 결과적으로 학습력과 성장에 악영향을 끼친다.

그래서 나는 온라인 카페나 밴드와 같은 SNS를 가족 소통의 공간으로 만들어보면 어떨까 싶었다. 온라인에서 아이들의 언어가 너무도 자유로운 이유는 부모의 통제가 없는 곳이기 때문이다. 집에서도 부모가 없으면 얼마나 자유로운가. 물론 자유를 통제한다는 의미보다는 무방비로 노출되는 것을 방지하고, 온라인상에도 가족이 있고, 지켜야 할 규칙과 예의가 있다는 것을 깨닫게 해주기 위함이었다. 그래서 나는 숙고 끝에 카카오톡 같은 즉각적인 피드백이 가능한 공간이 아닌 네이버 밴드 플랫폼을 골랐다. 가족의 추억과 역사를 기록하고 보관할 수 있는 점도 매력적이었다. 우리는 밴드를 통해 활발히 소통 중이다. 특히 아이들의 활동이 두드러지는데, 사진과 동영상을 올리고 댓글을 달며 즐거워한다. 친구들과 SNS로 본격적인 소통을 하기 전에 예의 있는 표현을 지도할 수 있다는 점에서 효용을 느끼고 있다. 그간 우리 가족에게 스마트폰을 들여다보는 일은 각자의 시간을 보내는 일이었다. 부모와 아이들 다 제각각이었다. 그러나 가족 밴드를 만들고 나서는 온라인 공간 안에도 가족이 있고, 몸은 떨어져 있어도 마음은 가까이 있음을 느낀다. 구체적으로 밴드 개설과 운영 방법을 소개한다.

먼저 밴드를 개설하고, 방 이름을 정한 뒤 대문을 꾸미자. 방 이름은 회의해서 정한다. '각자의 이름 앞 글자를 따서 만들까? 아이 이름을 넣을까?' 결정이 어렵다면 투표도 좋은 방법이다. 대문은 가족의 공간이니 가족사진이 좋을 것이다. 가족사진이 없다면 채우고, 많다면 열심히 고른다. 벌써 이 과정만 해도 많은 소통이 이루어진다. 개인적으로는 새로 살 집을 고르는 느낌이었다. 행복했다. 다음은 링크를 보내 가족을 초대한다. 미성년자가 가입하려면 일련의 절차가 있다. 온라인에 충분히 안내되어 있으니 참고하자. 글은 아이에게 이용 방법을 충분히 설명하여 자유롭게 게시하도록 한다. 가족 행사나 특별한 일정을 달력에 표시하거나, 가족이 모두 알아야 할 와이파이 비밀번호나 렌털 장비 정보를 기록해도 좋다. 또한, 밴드에는 이모티콘 기능이 있다. 가족 구성원의 모습을 닮은 이모티콘으로 대화하면 특별한 재미를 느낄 수 있다. 우리는 밴드를 개설하고 조금 더 소통이 늘었다. 장소와 시간에 구애받지 않고 아이들과 많은 것을 공유하고 있다.

온라인상에 가족 공간을 만드는 것은 '미디어 리터러시' 능력을 키우는데도 그만이다. 디지털화된 사진, 그림, 글, 음성 등을 활용해 자신을 표현할 수 있기 때문이다. 우리 아이들은 읽은 책을 사진으로 올리고 한 줄 감상평을 적기도 하고, 가족사진을 꾸며 올리기도 한다. 여기에 부모의 피드백은 필수다.

아이의 독서력은 책을 읽어주는 만큼 성장한다

독서가 주는 유익함은 누구나 알고 있다. 사고력과 주의력을 길러주고, 지식을 쌓게 하며 많은 간접 경험을 제공한다. 무한한 상상을 하게 하고, 어휘력과 독해력을 길러준다. 여기에서 더 발전하면 글의 내용을 머릿속으로 이미지화해 직접적인 시청각 콘텐츠로 느끼는 차원보다 높은 수준의 깊이를 느끼게 한다. 단순한 지식 습득을 넘어 자신만의 세계에서 가치를 발견하게 한다. 이 수준까지 이르기 위한 왕도는 없다. 꾸준히 책을 읽는 수밖에. 그리고 꾸준히 책을 읽기 위한 첫 번째 단계는 '책과 친해지기'이다.

글을 읽을 줄 아는 아이라도 깊이 있는 독서를 하는 건 아니다. 이제 막 한글을 깨친 아이는 낱자 하나하나를 읽는 데 중점을 두기 때문에 글의 의미까지 파악하지는 못한다. 지극히 정상적인 발달 과정이다. 문제는 이 모습을 보고 독해력이 없다고 판단하는 부모다. 독해력은 낱자를 읽고, 문장을 읽고, 문맥을 이해하는 각각의 단계를 밟아나가며 완성된다. 그리고 높은 수준의 독서력을 갖추기 위해서는 훈련이 필요하다. 훈련이 없어 책을 읽지 못하는 건 성인에게도 흔히 나타나는 현상이다. 책만 펼치면 머리가 아프다는 사람, 글을 읽다가 자주 흐름을 놓쳐 완독하지 못하는 사람은 '글을 해석하고 의미를 찾는' 행위가 익숙하지 않은 사람이다. 글자만 깨친 문해력 초보 수준의 어른이다. 문장을 읽는데 앞 문장이 생각나지 않거나, 읽어도 무슨 뜻인지 이해가 안 된다면 의심해보자. 난독에 가까운 증상이다.

그래서 아이에게는 책을 읽어주어야 한다. 가장 이상적인 코스는 아주 어릴 때부터 책을 읽어주고, 아이 스스로 글자를 깨치고, 자연스럽게 읽기독립을 통해 독서력을 키우는 것이다. 그러나 이렇게 성장하는 아이가 얼마나 될까. 간혹 아이가 글자를 안다고 성급하게 읽기독립을 시키려는 부모가 있는데, 바람직하지 않다. 앞서 말했듯 아이는 아직 글자만 겨우 읽는 수준일 수 있다. 그러므로 부모는 아이가 적정 독서력을 갖출 때까지는 꾸준히 읽어주어야 한다. 한편, 누군가 책을 읽어주지도 않는데 뛰어난 독서력을 보이는 아이가 있다. 사실 이런 아이는 누군가 책을 읽어주는 것과 같은 효과를 경험하고 이를 잘 활용한 경우다. 수업 시간에 선생님의 말씀을 잘 '듣는' 아이가 그렇다. 선생님이 하신 말씀을 잘 기억하고, 교과서를 보며 다시 공부하며, 자연스럽게 향상된 기억력으로 뛰어난 독서력뿐 아니라 좋은 성적까지 거두는 것이다. 수업에 집중하는 아이가 벼락치기로 공부하는 아이보다 성적이 우수한 이유다. 또한, 부모가 책을 읽어주는 것은 한 권의 책을 다독하게 하는 효과가 있다. 책을 읽어주며 나누는 수많은 대화가 일상에서 보고 들은 것, 느낀 것과 연계되는 경험을 주기 때문이다.

책 읽기의 입체적인 활동은 좋은 성적에도 영향을 미친다. 고등학교 때 풀리지 않는 문제에 대한 힌트를 얻기 위해 공부를 잘하는 친구를 찾아간 적이 있다. 그런데 친구가 그 문제를 천천히 읽어주는 동안 "아!" 하며 답을 찾았다. 어떤 친구는 수업 시간에 집중하고, 혼자 교재를 보고 읽으며 그 내용을 녹음해 들으면서 잠을 잤다. 누군가 책을 읽어주는 효과를 학습에 적용한 사례다. 그 친구의 성적은 굳이 말할 필요도 없겠다. 세계적인 천재 성악가 루치아노 파바로티는 죽기 전까지 코치를 받았다. 타인의 시선으로 자신의 부족함을 찾기 위한 노력이다. 누군가가 책을 읽어주는 것을 듣는 효과는 이런 게 아닐까. 자신이 미처 발견하지 못한 부분을 알게 되고, 다양한 시선과 접근으로 입체적이 사고를 갖는 것. 아이도 마찬가지다. 글자를 알고 모르고를 떠나 아이는 책을 읽어주는 만큼 자란다. 조금 읽어주면 조금 성장하고, 많이 읽어주면 그 이상으로 성장한다.

그렇다면 어떻게 책 읽기를 시작할까? 집 안을 활보하는 아이에게 책을 읽어주는 상황을 그려보자. 일단 아이를 자리에 앉혀야 한다. 착석시키고 싶다면 부모가 먼저 바르게 앉아 책 읽는 모습을 보여주자. 이런 부모의 모습을 보면 아이는 자연스럽게 책에 호기심을 갖고, 책을 가져와 읽는 시늉을 하며 놀 것이다. 행동을 유도했다면 이제 책을 읽어주면 된다. 아이들은 부모와 함께한다는 것 자체로 무척 즐거워할 것이다. 이 시기를 놓치면 그만큼 또래들과 문해력 격차, 성적의 격차가 생긴다. 따로 시간을 내야 한다고 생각하거나, 부모가 책을 부담스러워하면 시작조차 힘드니 그냥 바로 시작하자. 책과 친하지 않은 아빠라면 아이들 책을 읽는 것도 추천한다. 나도 책과 친하지 않은 아빠였다. 한 권을 읽는데 며칠이 걸리고 지루했다. 그래서 아이들 책을 읽기 시작했다. 아이들 책은 아무리 두꺼워도 금방 읽힌다. 그림도 많아서 대략 20~30분이면 된다. 그렇게 서서히 수준을 높인다.

다독보다 정독이라는 말을 들어보았을 것이다. 한 권이라도 제대로 읽는 게 중요하다는 뜻이다. 책을 읽은 후 아이가 얼마나 이해했는지를 점검하기보다 느낀 점과 생각을 표현할 수 있도록 유도하자. 처음에는 내용 파악조차 힘들어할 수 있다. 이럴 때는 어느 장면이 가장 기억에 남는지, 기억하는 단어가 무엇인지부터 끄집어내 구체화할 수 있게 도와야 한다. 한 권을 여러 번 읽는다면 새롭게 발견한 것, 이전과 다르다고 생각되는 것 등을 이야기하는 것도 좋다. 물론, 한 권을 여러 번 읽지 않은 아이라면 싫증 낼 수 있으니 조절해야 한다.

우리집은 애니메이션이 함께 존재하는 책 읽기도 효과적이었다. 책을 먼저 읽든, 애니메이션을 먼저 보든 상관없다. 일단 아이들은 애니메이션이 있으면 열광한다. 그리고 막상 두 콘텐츠를 비교해보면 그림체나 내용에 분명한 차이가 있다. 이러한 차이점을 발견하고 비교하는 활동은 깊이 있는 독서를 가능하게 했다. 그 외에 동화책의 주인공 이름을 아이 이름으로 바꿔서 읽어주거나, 대화체가 많으면 각자 역할을 맡아 읽는 등의 방법도 책에 흥미를 붙이기 좋은 활동이었다.

독서 시간은 주로 잠자기 전 시간을 활용했다. 잠자기 전 시간은 감성적이고 상상력이 풍부해지는 시간이다. 이 시간을 통해 편안하게 책을 읽고, 감상하는 시간을 갖고자 했다. 독서는 단순한 지식의 습득이 아니라 가만히 창밖을 보는 여유로움과 삶의 가치를 발견하기 위한 활동이기도 하다. 낮에 눈앞에 보이는 것에 쉼 없이 반응하며 직관적인 시간을 보냈다면, 자기 전은 휴식하고 하루를 정리하는 시간이다. 이 시간을 독서 시간으로 정해 아이들에게 여유를 주자. 또한, 쉽게 잠자리에 들지 않는 아이들에게 잠자리 독서 습관은 이제 잘 준비를 하는 시간이라는 암묵적 약속이다. 아빠는 책을 읽어주며 먼저 잠들지 않도록 주의하자.

대화가 아니어도 소통할 수 있다

아이들과의 소통 방법은 다양하며, 다양함은 때로 아이의 재능을 발견하게 한다. 그리고 아이들은 원래 창의적인 존재이기에 소리, 표정, 춤, 그림, 노래, 연주 등의 예술 활동은 감정을 표현하는 주요 수단이다.

아이와 함께 그림을 그려보자. 나는 그간 아이의 그림을 보기만 했지 그리는 모습을 직접 본 적은 없었다. 그래서 아이와 마주하고 서로를 그리기도 하고, 같은 피사체인 엄마를 그려 비교도 해 보았다. 아이는 아빠의 그림을 재미있어 하고, 내심 아빠가 엄마를 어떻게 그렸는지 궁금해한다. 우리는 협주가 가능하다. 큰아이가 피아노를 치면 나는 기타로 화음을 넣는다. 그러면 작은아이가 와서 노래를 부른다. 그 과정에서 얻는 교감은 대화보다 감성적이다. 음악을 틀어놓고 다 함께 춤을 추기도 한다. 운동 신경이 좋은 큰아이가 무릎을 살짝 굽혀가며 추는 춤은 정말 예쁘다. 그러나 큰아이는 이런 신체 능력과 비교해 언어는 다소 느렸다. 말이 유치원에 가서 트였다. 작은아이는 그 반대다. 운동 신경은 꽝이고 말이 빨리 트여 누나와의 말싸움에서 쉽게 밀리지 않는다. 즉, 이런 예술 활동은 아이의 표현력을 키워주는 수단임과 동시에 아이의 재능을 발견하고 발달 수준을 짐작하게 하는 수단이기도 하다.

예술을 통한 표현으로 인생의 중요한 전환점을 맞는 사람도 있다. 직업이 될 수도 있고, 평생의 취미를 만들 수도 있다. 그림으로 표현을 잘하는 사람은 화가나 디자이너가 되고, 말로 표현을 잘하는 사람은 강연가나 선생님이 되며, 몸으로 표현을 잘하는 사람은 운동선수나 무용가가, 글로 표현을 잘하는 사람은 작가가 된다. 마케팅 전문가, 영화감독, 연기자, 건축가 모두 예술을 통한 표현으로 먹고사는 전문가이다. 물론, 여기에도 '공감과 소통' 능력은 필수다. 어떤 일도 혼자 할 수 없기 때문이다. 공감과 소통 능력이 좋은 사람은 문해력이 좋다. 문해력이 좋은 사람은 세련된 표현과 유의미한 창조적 활동을 한다. 문해력은 어려운 단어를 넣어 길게 말하는 것과는 거리가 멀다. 문해력이 좋은 사람은 정확한 단어로 다양하게 표현한다. 사회적 약속을 이해하고 지키며, 자신의 의도를 상대에게 전달하고 설득하는 능력이 뛰어나다. 아이들에게 요구되는 수준은 아니지만, 나중에 직업을 갖고 사회생활을 함에 있어 기본이 되기에 훈련은 필수다. 가정에서 언어로 아이의 문해력을 키워줄 방법은 다음과 같다.

우리집은 말놀이를 즐겨한다. '단어와 속담을 몸짓으로 표현해 알아맞히기, 끝말잇기, 삼행시 짓기, 같은 글자로 시작하거나 끝나는 단어 찾기, 네 글자로 표현하기' 등이다. 단어와 속담을 몸짓으로 설명하는 아이를 보면 아이가 설명할 단어와 속담의 뜻을 얼마나 이해하고 있는지 가늠하게 한다. 자주 하니 핵심을 설명하는 능력이 많이 향상했다. 끝말잇기는 어휘력 향상과 국어의 음운론을 이해하게 했으며, 삼행시 짓기는 다양한 문장을 만들어봄으로써 사고력 향상에 도움이 되었다. 재치 있는 표현을 하는 아이를 보면 흐뭇하다. 말놀이 시 주의할 점은 잘못된 표현을 곧바로 교정해주거나, 바른말을 찾도록 강요하거나, 창의적 대답을 인정하지 않는 것이다. 놀이는 끊임없이 이어져야 한다. 외계어인지 외국어인지 모를 말이 튀어나오고 억지스러워도 긍정적인 피드백으로 마음껏 표현하게 하라. 연결을 통한 끝없는 확장은 창의성 발현의 핵심이다.

3장.

초등 문해력, 컴퓨팅 사고가 답이다

왜 컴퓨팅 사고에 주목해야 하는가

"비디오 게임을 사지만 말고 직접 만드세요. 스마트폰을 가지고 놀지만 말고 프로그램을 만드세요. 코딩을 배우는 것은 여러분의 미래는 물론 조국의 미래에도 매우 중요합니다." 전 미국 대통령 버락 오바마가 코딩교육의 중요성에 대해 한 말이다. 그런데 요즘 초등학생에게는 '코딩'이 익숙하지만, 코딩교육을 받지 않은 우리 세대는 코딩이라는 단어마저 생소하다.

코딩을 단순하게 정의하면 '소프트웨어를 제작하고 활용하는 능력'이다. 과거에는 컴퓨터 소프트웨어를 만드는 과정 자체를 프로그래밍 또는 컴퓨팅이라고 했고, 프로그래머라 불리는 전문가들이 만들었다. 그러나 지금은 스마트폰이 대중화되면서 많은 사람이 스스로 앱과 같은 프로그램을 만들어 사용할 수 있게 되었다. 컴퓨터만 있으면 언제, 어디에서나 원하는 소프트웨어를 손쉽게 만들 수 있다.

일찍이 스마트폰을 접한 우리 아이는 점점 책상 앞에서 집중력이 떨어지는 모습을 보이고, 혼자 있을 때는 산만했다. 아이가 자기 주도 학습을 시작해야 하는 초등학교 3학년이 되자 나는 걱정이 되기 시작했다. 아니나 다를까, 아이의 담임선생님께 아이의 집중력이 부족하다는 피드백을 들었다. 어떻게 하면 아이를 공부에 집중할 수 있게 할까 고민하다가 나는 우연히 스마트폰으로 앱을 만드는 수업을 듣게 되었다. 그렇게 아이의 학습을 위한 아빠표 앱을 어설프지만 정성스럽게 만들기 시작했다. 앱은 과제와 독서 후 해당 부분을 찍어서 올리고, 외운 영어 단어 등을 정리해 기록하는 앱이었다. 그리고 실제로 아이에게 사용하게 한 후 적절한 보상을 해주었다. 앱 활용은 성공적이었다. 아빠가 만든 앱을 신기해하고 엄청난 관심을 보이기도 했고, 앱을 이용해 공부하는 데도 성과가 있었다.

소프트웨어를 만들다 보면 끊임없이 문제를 해결해야 하는 과정을 겪게 된다. 단순히 무언가를 주입해서 결과를 내는 것이 아니라 끊임없이 사고하고 연결하는 과정에서 더 나은 것들을 계속 생산해 내야 한다. 이 과정이 바로 코딩이다. 그래서 지금은 단순히 소프트웨어를 만드는 것을 코딩이라 하지 않고 '사고, 연결, 적용, 활용' 전 과정을 코딩이라고 정의한다.

최근 정부는 코딩교육을 의무 교육화해 미래 인재 양성을 위한 시스템을 구축했다. 구체적으로 초등학교는 소프트웨어 기초 소양을 함양하기 위한 과정을, 중학교는 컴퓨팅 사고력 함양을 통한 실생활의 문제해결 과정을, 고등학교는 컴퓨팅 사고력 적용을 통한 다양한 학문 분야의 문제해결 과정을 중심으로 교육 과정이 나뉘어 있다. 그래서 요즘은 학교 밖에서도 코딩교육을 쉽게 접할 수 있다. 방과 후 수업, 문화센터, 학원도 있고 교재를 사서 집에서 혼자 해볼 수도 있다. 코딩에 관한 관심이 뜨겁다는 것을 느낀다. 코딩은 좋은 성적을 받아 좋은 대학에 가기 위한 학문이 아니다. 이 시대를 살아가는 데 필요한 능력과 소양을 기르기 위한 학문이다. 코딩 능력을 1순위로 신입사원을 채용하는 회사도 많아졌다. 소프트웨어 활용 능력을 필요로 하는 이유가 크지만, 코딩을 잘하면 책임감과 협업 능력, 성과를 내기 위한 문제해결력을 우수하다고 생각하는 기조도 있다. 또한, 코딩은 시대와 사회 흐름을 읽어내는 통찰력 갖게 한다. 얼마 전, 돈을 잘 버는 10대 사장님들에 관한 기사를 보았다. 학교에 다니면서 온라인 쇼핑몰을 운영하거나, 손재주를 살려 유튜브와 SNS를 활용해 액세서리와 의류 등을 파는 사업체를 운영하는 청소년들에 관한 내용이었는데 이들은 주문 접수부터 제작, 발송, 매출 관리까지 혼자 해내는, 말 그대로 1인 사업가들이었다. 스마트폰 사용에 익숙한 청소년들에게는 어찌 보면 자연스러운 현상일 것이다. 사실 이렇게 자신이 하고 싶고, 잘하는 것을 찾아 콘텐츠를 개발하고 활용하는 것 자체가 코딩이다. 이 아이들은 일찍 그 능력을 발휘해 일찍 사회생활을 시작한 것이다.

컴퓨팅 사고력은 무엇인가? 컴퓨팅 사고력은 컴퓨터 과학자들이 문제해결을 위해 사고하는 방법이자, 문제해결 기술에서 개발된 사고 과정이다. 즉, 복잡한 문제를 쉽게 해결하고, 불필요한 시간과 비용을 절약하게 하는 사고 능력이다. MS 연구소의 부사장이자 컴퓨팅 사고의 창시자인 지넷 윙은 컴퓨팅 사고력을 '누구나 배워서 활용할 수 있는 보편적 사고와 기술이며 읽기, 쓰기, 셈하기와 같이 아이들이 기본적으로 갖춰야 할 소양'이라고 정의했다. 그리고 이러한 컴퓨팅 사고력을 키우기 위해서는 직접적인 코딩교육을 통해 소프트웨어를 만들며 습득하는 방법과 컴퓨터와 같은 디지털 기기 없이 그 과정을 습득할 수 있는 언플러그드 방식 두 가지가 있다. 또한, 예전처럼 어려운 프로그래밍 언어를 배우지 않아도 자연스럽게 컴퓨팅 사고력을 키울 수 있는 스크래치, 엔트리 같은 블록 코딩 플랫폼도 있다.

사실 코딩 능력과 컴퓨팅 사고력이란 단어에는 차이가 없다. 디지털 시대를 스마트 시대라고도 부르듯이, 용어에서 혼란을 겪을 필요는 없다. 굳이 설명한다면 코딩에 필요한 사고 과정이 컴퓨팅 사고력이고, 코딩 능력은 컴퓨팅 사고력을 포함하는 포괄적인 의미로 받아들이면 무리가 없을듯하다. 컴퓨팅 사고력의 정의를 살펴보면 알 수 있듯이, 컴퓨팅 사고력은 코딩만을 위한 과정이 아니다. 창의적이고 비판적인 사고력을 뜻하기 때문에 다양한 분야에 접목할 수 있다. 학생이라면 공부 머리를 키우는 능력이라 할 수 있겠다. 앞서 예로 든, 10대의 사장님들에 관해 이야기해보자. 사업으로 수익을 창출한다는 것은 결코 쉬운 일이 아니다. 사업자 등록부터 제품을 공장에 주문하고, 온라인 쇼핑몰에 상품을 등록하고 판매하는 전자상거래는 사회적인 원칙과 규칙을 제대로 이해하지 못하면 실행하기 어렵다. 그러나 10대 사장님들은 분명한 목표가 있었고, 의도하지는 않았겠지만 과정에서 마주한 문제들을 컴퓨팅 사고력으로 해결했다고 볼 수 있다. 아마 문제를 해결하기 위해 검색하고, 부모님과 전문가에게 물어보며 학습해 자신만의 통찰력을 키워 단계별로 진행해 나갔을 것이다.

컴퓨팅 사고력은 성인도 개발할 수 있는 능력이므로, 배워서 아이들에게 전수하고 함께하는 것이 좋겠다. 스마트폰을 대중화하며 디지털 시대를 연 스티브 잡스는 "모든 국민은 코딩을 배워야 합니다. 코딩은 생각하는 방법을 가르쳐 주기 때문입니다."라고 말한 바 있다. 나도 아이를 위한 앱을 개발하며 컴퓨팅 사고력을 키워나갔다. 단순히 이해하고 적용하는 차원이 아니라 입체적인 사고를 발휘해야 했기 때문이다. 이제는 해마다 제출해야 하는 아이디어 제안서도 어렵지 않게 써낸다. 스티브 잡스가 왜 '모든 국민'이라고 했는지 이해가 된다. 또한, 앱을 만들며 아이와의 소통도 활발해졌다. 비로소 시대에 대한 통찰로 아이의 미래를 위해 무엇을 해야 할지 고민하고 계획할 수 있게 된 것이다.

코딩에 대한 사회적 관심으로 많은 아이가 코딩을 배우고 있지만, 정작 부모는 코딩을 모르는 게 현실이다. 부모도 코딩을 꼭 배워야 하는 건 아니지만, 적어도 컴퓨팅 사고력 함양을 위한 노력으로 아이의 생각하는 힘과 배운 것을 적용할 수 있는 능력을 키워주었으면 한다. 게임을 즐기는 데서 머물지 않고 게임을 만들 수 있는 능력을 키워주어야 할 것이다. 4차 산업혁명 시대라는 단어가 이미 생활 속 깊숙이 자리 잡았다. 아이들은 학교에 입학하기 전부터 AR, VR을 이용해 공부하고 세상을 배운다. 매일 아침 인공지능 스피커에 날씨를 묻고 하루를 시작한다. 앞으로는 3D프린터로 집을 짓고, 자율주행 자동차를 이용할 세상이 도래할 것이다. 어떤 미래가 펼쳐질지는 아무도 모르지만, 그 중심엔 소프트웨어가 있다. 코딩이 있고, 컴퓨팅 사고력이 있다.

읽기가 두렵지 않은 아이

문해력과 컴퓨팅 사고력은 굉장히 비슷하다. 읽기, 쓰기, 셈하기처럼 누구나 배워야 할 기본 소양이라고 컴퓨팅 사고력을 정의한 지넷 윙의 말은 결국, 문해력을 위한 기반을 다지는 일과 같다. 문해력에서 강조되는 글을 읽고 해석하며 입체적인 사고와 창의성을 위한 과정 또한 컴퓨팅 사고력의 범주에 포함된다. 코딩 자체가 텍스트로 이루어지기 때문이다. 코딩은 C 언어, JAVA 등 기계가 알아들을 수 있는 언어, 즉 프로그래밍 언어를 통해 기계를 조작하고 명령하는 과정이다. 인간의 언어로 조작하는 기계도 결국 그 말을 알아들을 수 있는 프로그램이 있기에 가능한 것이고, 앞으로 프로그램 수준이 더욱 높아지고 어려워지기에 문해력의 수준이 강조될 것이다.

문해력은 개발자에게도 요구되는 능력이다. 개발자는 혼자 컴퓨터 앞에 앉아 프로그램을 만드는 게 아니다. 끊임없는 소통과 분업이 필요하다. 그리고 그 중심에는 '문서'가 있다. 앱 하나를 만들더라도 앱을 어떻게 만들고 어떤 기능이 들어가는지 기술하고 정리하는 문서가 있어야 한다. 문서를 만들거나 읽어내지 못하면 앱은 만들 수 없다. 게다가 누군가의 의뢰를 받아 진행한다면 더욱 필요한 게 문해력이다. 실제로 소프트웨어 개발에 가장 중요시되는 요소는 제작자와 개발자 간의 소통이다. 원하는 프로그램을 만들기 위해 구체적인 방향과 의도를 가지고 의뢰해야 하고, 그것을 만드는 것이 가능한지 불가능한지를 시작으로 수시로 변경되는 사항을 끊임없이 확인하며 소통해야 한다. 즉, 개발자에게는 개인의 우수한 코딩 능력 외에 협력할 수 있는 소통 능력도 중요하다.

구체적으로 컴퓨팅 사고력과 문해력을 키우는 과정의 공통점은 무엇일까? 문해력이 소릿값으로 언어를 습득하는 것으로 시작하는 것처럼, 컴퓨팅 사고력은 색깔 분류, 퍼즐, 블록 놀이 등으로 시작한다. 인지능력을 위한 교구나 학습 도구들이 그 예다. 사실 인지하지 못한 새에 아이는 컴퓨팅 사고력에 대한 학습을 시작했을 수 있다. 그리고 한글을 깨치는 과정은 컴퓨팅 사고력을 직접 경험하게 한다. 자음과 모음을 구분하고 조합을 통한 과학적 원리를 터득함으로써 적용하고 활용할 수 있게 되기 때문이다. 모두 컴퓨팅 사고력의 과정이다. 이렇게 보면 코딩을 위한 기초학습은 부족하지 않게 경험하는 셈이다.

그렇다면 관심을 두어야 할 것은 직접 프로그래밍 언어를 다루는 일이 될 것이다. 그런데 프로그래밍 언어는 웬만한 성인도 이해하기 어렵고, 컴퓨터를 전공하지 않는 한 배우기가 힘들다. 그래서 전문가들이 마련한 교육이 '블록 코딩'이다. 블록 놀이하듯 프로그램을 만들고 활용하는 과정으로, 하다 보면 자연스럽게 외계어같이 어렵기만 하던 프로그래밍 언어와 친해진다.

간혹 글을 읽는 자체만으로 부담을 느끼는 아이들이 있다. 글을 모른다기보다는 아직은 글의 의미를 받아들이는 게 미숙해서, 그것이 지루하고 귀찮게 여겨져서 그렇다. 문제를 이해하지 못해 틀리는 아이들이기도 하다. 반면, 이들은 게임이나 스마트폰은 부모보다 잘 다룬다. 이해력이 없으면 할 수 없는 일이다. 이런 걸 보면 아이들의 학습 능력은 부족하지 않다. 디지털 기기에 일찍 노출되면서 자연스럽게 책과 멀어진 것이라 보는 게 타당하다. 아이들이 책과 멀어진 이유를 글자를 접하고 익히는 과정에서도 지적할 수 있다. 우리 아이들의 교육 과정을 살펴보니 70~80% 이상이 시청각으로 이루어져 있었다. 사고력 향상을 방해하고 더욱 직관적으로 만드는 교육인 셈이며, 아이들은 직접 써보며 익히기보다 눈과 귀로 보고 들으며 익혔을 가능성이 크다. 그리고 요즘 아이들은 TV를 볼 때도 자막이 익숙하다. 글자를 처음 배울 때는 어느 정도 도움이 될 수 있지만, 글자를 깨친 뒤 익혀야 하는 문장에 대한 이해에는 도움이 되지 않는다. '헉, 헐, 대박'과 같은 가벼운 표현도 아이들의 문해력에 전혀 도움이 되지 않는다. 일상생활에서 얼마나 사용되는지는 근거를 제시할 필요도 없을 것이다.

그런데 이를 인지하지 못하는 부모가 많다. 나 역시 그랬다. 전반적인 과목 이해는 부족하지 않은데 수학 성적이 유독 저조한 아이를 보며 걱정스러웠다. 문제를 읽지 않아 쉬운 문제를 틀리는 걸 보며 답답해하기도 했다. 그러고는 수학학원이 아니라 논술학원에 보내고 효과를 보기 시작했다. 사실 수학을 제외한 과목은 눈으로만 보아도 충분히 문제를 풀 수 있지만, 수학은 직접 풀이 과정을 써 가며 풀어야 한다. 내 아이는 그 과정을 쓰기보다는 머릿속으로만 풀려고 하다 보니 문제를 틀리는 경우였다. 그러나 아무리 쉬운 문제라도 그 과정을 써가며 정리하는 것이 순서며, 눈으로만 익히는 것은 기억력에 그다지 도움이 되지 않는다. 핸드폰이 없던 시절을 떠올려보라. 수첩에 일일이 지인과 거래처 전화번호를 쓰고 번호를 누를 때마다 보다가 외웠다. 그러나 지금은 핸드폰에 저장이 되어 있으니 직접 전화번호를 쓸 일이 없어 외우는 전화번호가 몇 되지 않는다. 아이들도 비슷한 과정을 겪는다. 시청각 교육으로 얻는 정보는 많을지언정 쓰고 익히는 과정이 부족해 장기 기억화하지 못한다.

그렇다면 미디어에 익숙한 아이들은 어떻게 텍스트와 친해지게 할까? 학교에서는 국어 시간을 아이들의 수준에 맞게 재편하고 시수를 늘릴 필요가 있어 보인다. 가정에서는 책을 읽어주되, 그림보다는 글이 어느 정도 비중을 차지하는 책으로 점차 바꿔 읽어주면 좋겠다. 그리고 코딩은 문해력을 바로 끌어올린다. 블록 코딩에서 블록마다의 기능을 익힌 다음, 조합하는 과정은 문장을 이해하는 과정과 다르지 않다. 블록을 단어라고 치면, 블록을 조합한다는 건 단어를 조합해 하나의 문장을 만드는 것이다. 그런데 말이 안 되는 문장이 만들어지면 조합된 블록은 기능을 수행하지 못하게 된다. 이때 필요한 게 '무엇이 틀렸는지 생각하는 과정'이다. 많은 아이가 어려워하지만, 이 과정을 겪어야 성장한다.

블록 하나의 기능을 이해한다는 것은 단어를 이해한 것이고, 그 블록을 조합한다는 것은 문장을 만드는 것이다. 그 문장이 모이면 문단이 된다. 이 또한 문맥을 이해하지 못하면 완성되지 않는다. 이러한 블록 코딩을 수없이 반복하면 문해력이 길러진다. 직접적인 텍스트를 다루는 것이기에 더욱 그렇고, 수없이 반복하는 실수와 실패는 결국 문제해결력을 향상해 성취를 맛보게 한다. 글 읽기의 두려움을 극복하게 하는 효과도 있다.

물론 당장 코딩을 통해 문해력을 진단하기는 어렵다. 코딩도 어렵고, 진단도 어렵다. 코딩 관련 용어는 너무 어려우며, 부모도 코딩에 대한 전반적 지식이 없어 코딩의 목적과 활용도를 생각하지 않기도 한다. 코딩이 문해력에 긍정적인 영향을 주는 것은 확실하지만 적절한 지도가 없으면 효율적인 학습을 유도하기에 한계가 있다. 이것을 직접 문해력과 연결한 체계를 갖춘 교육 시스템은 아직 찾지 못했다. 논술학원과 코딩학원의 적절한 조화를 갖춘 학원을 하나 차려보는 것도 나쁘지 않겠다.

복잡한 문제를 쉽게 푸는 방법

복잡한 문제를 푸는 과정은 지도를 그리는 것과 비슷하다. 척도와 등고선이 표시된 고차원의 지도까지도 필요 없다. 찾을 위치를 정확하게 알게 해주는 주요 지형지물만 표시된 지도면 충분하다. 즉, 복잡한 문제를 쉽게 푸는 방법은 '단순화하여 보기 좋게' 정리한 뒤, 순서대로 푸는 것이다.

한 가지 방법이 더 있다. 더 복잡한 것을 다룰 줄 알거나 정보의 양이 많으면 된다. 예를 들어, 구구단을 외우지 못한 아이는 곱셈 문제를 풀 때 수를 일일이 더해가며 복잡하게 풀지만, 구구단을 외운 아이는 쉽게 풀어낸다. 그러나 아이가 풀어야 할 문제를 보라. 곱셈을 물어보는 수준이 아니라 문제를 읽고 정리하고 아는 지식을 활용할 줄 알아야 풀 수 있을 것이다.

많은 아이가 수학을 복잡한 학문으로 생각한다. 익숙하지 않은 숫자와 기호로 이루어져 있기 때문이다. 사실 숫자와 기호는 복잡한 문제를 쉽게 풀기 위해 약속된 것이다. 그러나 아이 입장에서는 문제 읽기도 벅찬데, 숫자와 기호까지 따로 익혀야 하니 여간 복잡한 게 아니다. 또한, 수학 문제는 중요한 단어와 숫자를 구분해 정리하며 풀어야 한다. 규칙을 발견하고 주어진 정보로 길을 찾아야 한하기에, 공식의 이해 없이 무작정 공식 암기만 해서는 좋은 성적을 낼 수 없다.

그래도 요즘 수학 교과서나 문제집은 단순한 암기만을 강요하지 않고, 차근차근 원리의 이해를 돕는다. 덧셈에서 자릿수가 늘어날 때의 원리를 충분히 설명한 다음, 몇 가지 문제를 풀어보게 함으로써 그 과정을 익히게 한다. 그런데 이를 지문에 적용하지 못하는 아이는 문제를 쳐다보는 것도 힘들어한다. 그 흐름을 따라가지 못하면 다음 단계로 넘어갈 수 없는 게 수학인데도 말이다.

내 아이도 단순한 계산식 문제는 쉽게 풀었지만, 과정을 묻는 문제는 어려워했다. 아이에게 수학을 가르칠 때 나도 꽤 애먹었다. 그래서 일단 답을 구하는 게 중요하다며, 원리를 이해하는 과정을 무시해보았는데 결국 아이의 수학 성적은 나아지지 않았다. 문제를 풀기 위해 고민하고 생각하는 훈련을 시켜주지 못한 것 같다. 차근차근 문제를 쓰고 정리하게 해보았는데, 아이는 정리도 어려워하고 생각하기도 싫어했다. 이랬던 수학은 수학학원이 아닌 논술학원에 다니며 좋아졌다. 성적이 눈에 띄게 좋아진 건 아니지만, 그래도 지문을 읽는 훈련이 되어갔다. 전에는 문제를 읽지 않고 그림만 보고 풀려고 했다면 논술을 배우고는 문제를 읽게 된 것이다. 이를 보았을 때, 다른 과목은 잘하는데 유독 수학을 어려워한다면 '사고력 부족'이 원인이라고 본다. 문제를 많이 풀며 유형을 익히는 것과는 다른 이야기다. 글을 읽고 이해하는 수준에서 숫자와 기호로 요약하고 공식을 유도하는 과정이 있어야 한다는 뜻이다.

수학은 본래 단순히 계산만 하는 학문이 아니다. 수학은 말과 글로 표현하기 어려운 세상의 원리를 기호로 간결하고 보기 좋게 표시해 분석하고 예측하기 위한 학문이다. 여기에 공식을 유도하거나 규칙을 발견할 때 치열하게 생각하는 과정이 포함된다. 이러한 수학의 본질을 따져보지 않고 무작정 문제를 푼다면 수학에 대한 예의가 아니다. 즉, 수학을 지도할 때는 계산하는 능력보다는 생각하는 능력에 중점을 두어야 한다. 그리고 수학은 방향을 잡고 단계별로 정리하며 풀어야 하기에 한 번만 생각해서는 답을 얻을 수 없다. 한 문제에 3~4배의 사고 과정이 필요하며, 단계마다 적용할 공식이 다를 수도 있다. 아이에게 생각할 시간을 충분히 주고, 지켜봐주어야 한다. 물론, 지문 읽기도 힘든 아이에게 문제를 숫자와 기호로 정리하라고 하면 짜증을 낼 것이다. 그래도 그 시간이 바로 사고력이 자라는 시간이다. 문제를 잘 푼다면 비로소 문제를 해결할 능력이 생긴 것이다.

컴퓨팅 사고력을 직역하면 '계산하고 생각하는 능력'이다. 수학과 다르지 않다. 다만, 계산력보다는 생각하는 능력에 비중이 더 실린다. 코딩은 인간의 말과 글을 컴퓨터가 알아들을 수 있도록 옮기는 과정으로, 프로그램 개발자가 되기 위해 배우기보다 사고력을 기르기 위해 배운다. 어찌 보면 컴퓨터를 학습하도록 하는 과정일 수 있다. 컴퓨터는 알려준 만큼 일하므로, 처음부터 하나하나 단계를 분석하며 규칙을 찾아야 한다. 한 칸 띄고 줄을 바꾸는 일도 포함된다. 그리고 이 과정에서 사고력이 길러진다. 한 문제를 깊이 생각할 수 있는 시간을 허락해준다. 결과를 도출해 내기 위해 수없이 생각하고 또 생각하는 과정이기 때문에 한 권의 책을 다독하는 효과도 있다. 당연히 주의력과 집중력도 좋아진다.

구구단 2단을 만드는 코딩을 한다고 해보자. 우리는 2단을 구현하기 위해 2단을 직접 써보고 관찰하기 시작할 것이다. 2는 바뀌지 않고 2에 곱해야 하는 1~9까지를 순서대로 계산하는 시각화 과정을 거친다. 그리고 '2×1=2'에서 '2×2=4'를 만들기 위해 가운데 숫자 1을 2로 바꾸게 된다. 가운데 숫자가 9가 될 때까지 이 과정을 반복한다. 보기 좋게 줄을 바꾸어주는 게 좋겠다. 여기에서 가운데 숫자에 해당하는 1~9를 변수라고 한다. 변수를 지정해 숫자를 자동으로 1씩 증가시키기를 아홉 번 반복하면 2단 완성이다. 이제 1,000단까지는 쉽게 구현할 수 있다. 이 과정에서 계산은 컴퓨터가 해주므로 결과는 의미가 없다. 우리는 그 결과가 맞게 나왔는지만 확인하면 된다. 사실 구구단을 구현하는 과정은 무궁무진하며, 구구단 코딩 정도는 코딩을 조금 배우면 쉽게 구현할 수 있다. 코딩을 가르치는 곳에서 시작 단계에 많이 시도하는 프로그램이기도 하다. 인터넷에 올라온 초등학생이 만든 구구단 코딩을 보면 단순히 구구단 표시 수준을 넘어 구구단 학습을 위한 퀴즈나 게임 형식도 있다.

이렇게 코딩은 절차와 정리, 활용 등의 다양한 능력이 필요하기에 사고력을 키워준다. 수준이 높아지고, 복잡하고 어려운 문제라도 풀 수 있는 능력을 키워준다. 앞서 이야기했듯이 코딩은 세상에 전혀 없는 새로운 것을 배우는 것이 아니다. 구구단처럼 우리가 이미 알고 있는 것을 컴퓨터가 알아들을 수 있게 하는 것이다. 그래서 사고력을 키우기 위해서는 많은 경험과 지식이 필요하다. 요즘 아이들은 문제를 깊이 있게 다루어보기보다 주어진 하루 분량의 숙제를 해내기에 바쁘다. 나는 이런 아이들에게 답을 찾는 과정이 즐거울 수 있다는 것을 알게 해줄 코딩을 권한다.

글을 읽는 건 눈이 아니다

글을 읽는 건 눈이 아니다. 글을 읽는 것은 머릿속으로 이미지를 떠올려가며 글의 내용을 이해하고 받아들이는 과정이다. 다시 말해, 글을 읽는다는 것은 두뇌 활동을 자극하며 생각하는 힘으로 읽는다는 뜻이다. 글은 문자로 이루어져 있다. 문자는 소통을 위한 사회적 약속이며, 생각을 표현하기 위한 기호다. 글을 모르는 아이에게 글자는 그저 그림일 뿐이다. 그러다가 부모의 말이 글로 표현되는 것을 보면서 글을 깨치게 된다. 외국어를 배우는 것도 같은 원리를 거친다.

생각은 길을 걷다가, 미술관에서 예술작품을 보았을 때, 종이접기 할 때, 신나게 뛰어놀 때도 멈추지 않는다. 뇌 연구 보고서에 따르면 사람은 하루에 약 50만 가지 이상을 생각한다고 한다. 그만큼 생각은 멈출 수가 없으며, 가르치지 않아도 되는 본능이다. 그러나 생각을 구조화하는 힘은 길러야 한다. 사고력은 단편적인 생각에서 머물지 않고 다양한 생각들을 연결하며 확장하는 능력을 의미한다. 갈고닦을수록 자라나고, 우리의 행동을 유도하고 변화를 수반하며, 문제를 해결하는 기반이 된다. 그리고 사고력 키우기에는 책만큼 접근하기 쉽고, 체계적인 수단이 없다. 미술작품을 이해하기 위해 직접 가기 어렵고, 해당 작가를 만나 설명을 들을 수 없다면 해당 미술작품에 관한 책을 읽자. 구체적이고 다양한 시선으로 작품 세계를 경험할 수 있고, 이해가 되지 않으면 몇 번이고 반복하면 된다.

디지털 시대. 글을 읽기보다 보는 게 익숙한 아이들이다. 부모가 바쁘다는 이유로 부모와 함께하는 시간보다 미디어 콘텐츠를 보는 게 익숙한 아이들, 컴퓨터와 태블릿을 통한 시청각 교육에만 익숙한 아이들은 자기 절제 능력이 없으면 온전한 교육 효과를 보기 어렵다. 또한, 부모가 책을 꾸준히 읽어주었더라도 스스로 읽고 생각할 기회를 얻지 못하면 사고력에 제동이 걸리기 쉽다. 혹시 아이가 글을 읽는다고 해서, 이해하는 것처럼 보인다고 해서 방치하지는 않는가? 눈으로 보는 것에만 익숙한 아이들은 그 관성을 쉽게 벗어나지 못한다. 늘 쉬운 책만 찾는다.

사고력이 부족하면 글을 읽어도 피상적으로 읽는다. 보이는 것이

전부라고 여겨 진짜 의미를 파악하지 못하며, 옳고 그름을 판단하지 못한다. 비판적 읽기가 불가능하다. 이는 교과서만 보는 아이들에게 주로 나타나는 현상이기도 하다. 정답이 정해져 있는 문제 풀이에만 익숙한 아이들이다. 이론과 법칙에 대한 오해가 대표적이다. 이론은 말 그대로 이론으로 언제든 바뀔 수 있는 하나의 가정이고, 법칙은 뉴턴의 만유인력의 법칙과 운동 법칙, 멘델의 유전 법칙 등 불변의 규칙을 의미한다. 그런데 교과서만 보면 이론이 법칙화되는 현상이 나타난다. 이런 아이들은 원하는 정보를 찾을 때도 출처가 불분명한 정보를 찾고는 한다. 별다른 사고 과정 없이 검색해서 보이는 정보를 취하기 때문이다. 그런데 현실적으로 아이들은 사고력을 증진할 기회가 별로 없기도 하다. 학교와 학원에 다니느라 책을 읽을 시간이 없고, 문제를 풀기 위한 학습을 강요받는다. 책만 잘 읽어도 사고력이 자연스럽게 길러지는데 시대가 그것을 허락하지 않는다. 습득한 지식을 표현하고 활용하지 못하면 아무리 많이 읽어도 의미는 퇴색한다.

책을 읽기 위한 훈련으로 눈으로 책을 보고 손으로 쓰는 과정을 거치길 권한다. 쓰기는 말하고 읽는 것보다 기억력을 향상하고, 흩어져 있는 생각들을 짜임새 있게 정리하게 한다. 생각을 글자라는 기호로 전환하며 엄청난 사고력 향상이 이루어지는 셈이다. 아이가 처음으로 글자를 배울 때 한 획 한 획 종이를 뚫어가며 쓰고 익히는 것을 보라. 확실히 쓰면서 익혀야 빨리 배운다. 쓰기를 힘들어하는 아이들을 보면 쓰는 행위 자체를 귀찮아하고 글씨도 지렁이인지 아랍어인지 구분이 안 된다. 그러나 글쓰기에 익숙한 아이들은 장기 기억화된 정보로 자신의 생각을 깔끔하게 정리한다. 머릿속에 있는 것을 곧바로 쓰기 시작하면 힘드니, 독서 노트를 만들어 제목부터 옮겨 적거나 좋은 글귀와 명언을 필사하기로 시작하는 것도 방법이다. 참고로 글씨는 명필은 아니어도 남이 알아볼 수 있을 정도로는 쓰게 할 것을 권한다. 되도록 정성스럽게 쓰도록 지도하라. 글씨는 사람의 얼굴이므로 좋은 필체를 갖는 것도 경쟁력이 된다.

한 가지 강조하고 싶은 건, 컴퓨팅 사고력은 사고를 체계적으로 정리하게끔 돕는다는 사실이다. 직접 프로그램을 다루는 코딩도 도움이 되지만, 프로그램을 다루지 않는 언플러그드 코딩도 사고력을 증진한다. 컴퓨팅 사고력에서 요구하는 '분해, 패턴인식, 추상화, 알고리즘'의 단계를 반드시 지키기보다는 과정의 흐름, 절차를 이해하고 보기 좋게 정리하는 것만으로도 효과가 있다. 집에 컴퓨터가 없어도 익힐 수 있는 기술이다. 먹고 싶은 음식을 배달시키는 과정, 요리하는 과정 등의 일상을 순서대로 쓰게 하라. 음식을 주문하는 과정을 예로 들어보겠다.

1. 무엇을 먹을지 결정한다.

2. 음식점을 고른다.

3. 주문한다.

음식 주문의 과정은 이렇게 크게 세 단계로 정리된다. 아이는 일단 이 글을 보기 좋게 각각의 의미가 있는 기호를 사용하여 순서를 표시한다. 이 과정에서는 생각을 글로, 글을 기호로 전환하며 사고력이 발달한다. 여기에 지식과 경험이 쌓이면 구체적으로 확장할 수 있다. '몇 명이 먹을 것인지, 가용 금액은 얼마인지, 음식점이 문을 열었는지' 등의 다양한 상황과 한계를 반복하면 입체적인 사고가 가능하다.

글을 읽는 건 눈이 아니다. 머리와 손이다. 그리고 사고력에는 사회적 약속이 들어있다. 부모는 이를 알고 눈으로 보는 데에 익숙한 아이들을 적절히 지도해야 한다. 사고력 격차가 문해력 격차이다. 깊이 있는 독서와 일상에서의 컴퓨팅 사고력 키우기 활동으로 능동적으로 사고할 수 있는 아이로 키우자.

어휘력과 표현력 강화하기

문해력 진단에 가장 중요한 지표가 어휘력이다. 상황에 맞는 어휘를 쓰는지, 문제 풀이에 필요한 어휘를 아는지가 중요하다. 요즘은 선생님들도 아이들이 단어를 너무 몰라서 수업 진행이 어렵다고 한다. 사흘과 나흘을 구분하지 못하는 아이들에 어른들은 혼란스럽기만 하다.

그러나 당장에 몇 단어를 모른다고 문해력을 위기 수준이라고 생각하기에는 무리가 있다. 또 문제를 못 풀 정도라고 해서 소통이 안 되는 것도 아니다. 어른들이 이해하지 못하는 줄임말이나 신조어에 소통의 단절을 느끼는 건 일방적인 어른들의 판단이 아닐까? 모르는 어휘는 배우고 찾아가며 습득하면 된다. 받아들이고 이해하는 데 시간이 오래 걸리지도 않는다.

디지털 시대에는 쉽고 간결한 것이 대세다. 사용하는 물건은 점점 작아지고 단순하며, 버튼도 사라진다. 주의 깊게 살피지 않으면 이게 정수기인지, 스피커인지, 상자인지 구분이 어렵다. 기능은 전보다 많아졌다. 모든 기능을 다 활용하지는 않지만, 사용법을 익히면 어렵지 않게 사용할 수 있다. 소통도 그렇다. 소통을 위해 애써 어려운 어휘를 사용하거나, 말과 글을 길게 할 필요가 없다. 약속을 잡을 때는 스마트폰으로 약속 장소의 지도를 보내고, 소통은 이모티콘을 사용하면 되기 때문이다. 물론, 제품의 단순한 디자인에 숨겨지고 다양해진 기능을 다 사용하는 이는 드물며, 간결한 소통으로 인해 어휘력과 표현력, 사고력이 키워지지 않는 건 맞다. 미래에는 지금보다 더 정교한 작업을 원하기에 아이들에게 요구되는 수준도 높아질 것이다. 그러나 문해력 수준의 하락은 어휘력의 부족에서 문제를 찾기보다 소통을 위한 정확한 표현이 이루어지지 않는 데에 중점을 두는 게 옳다고 본다. 우리나라에는 모호한 표현이 많다. 표현은 다양하지만, 정확성 면에서는 조금 떨어진다. "소금을 적당히 뿌리고, 적당히 익을 때까지 기다렸다가 먹어."라는 어르신의 레시피에서 '적당히'가 어느 정도인지 모르겠는 것이다. 적당히가 어느 정도냐 되물으면, 어르신은 이렇게 대답하고는 한다. "몇 숟가락 적당히!" 참 어렵다. 수직적이고 보수적인 문화는 어떤가. 아이들은 어른과의 대화에 부담을 많이 느낀다. 재미가 없고 가르치기만 한다고 생각한다. 어른을 '꼰대, 틀딱'과 같은 말로 담을 쌓는다. 어른과의 소통이 줄어들며 사회 전반에서 사용되는 언어를 배우지 못하는 게 아닌가 싶다.

모호한 표현을 살펴보기 전에 한글의 특징을 살펴보자. 한글은 소리를 표현하는 표음문자다. 말소리를 기호로 나타내기에 맞춤법을 지키지 않아도 소통할 수 있다. 쉽게 말해, 편하게 사용할 수 있다. 문해력이 갖춰지지 않은 아이들끼리의 대화에 신조어가 마구 튀어나오는 이유다. 게다가 한자문화권이어서 동음이의어가 발달했다. '밤, 눈, 배'라는 글자 자체로는 무엇을 의미하는지 알 수 없다.

중의적 성격도 강하다. '내가 좋아하는 친구의 책이다'라는 문장만 보면 내가 좋아하는 게 친구인지, 책인지 알 수 없다. 물론, 이런 우리말의 의성어와 의태어의 풍부함은 세계 최고이며, 모호한 표현, 중의적 표현 등은 풍부한 문학적 표현을 가능하게 한다. 그런데 모호하고 중의적인 우리말의 특징이 소통에 장애물이기만 할까? 그렇지 않다. 겉으로 드러나는 표현이 모호하다고 하여 내포하는 상징과 의미가 정확하지 않다는 뜻은 아니다. 오히려 숨은 의도를 알기 위해 우리는 어휘를 많이 알아야 한다. 시 한 편을 읽더라도 어휘를 어떻게 해석하느냐, 어휘의 성격이 어떠하냐에 따라 의미가 완전히 달라지기도 한다. 우리는 정확한 표현을 위해 어휘를 많이 알아야 한다.

지금 아이들의 독서량은 부모 세대와 비교했을 때 결코 적지 않으며, 영상을 통해 얻는 어휘량도 상당하다. 그런데도 아이들이 어휘력 부족에 시달리는 것은, 바로 낯선 어휘를 접했을 때 찾아보지 않는 습관, 접했음에도 금방 잊어버리는 기억력 때문이다. 글을 읽다가 모르는 단어가 나오면 찾아보기보다 흐름에 지장이 없으면 지나치는 습관 말이다. 굳이 찾을 이유도 없고, 찾기에는 귀찮다. 해당 어휘가 평소에 활용되지 않는 어휘라면 더 그렇다. 사회적 경험이 약하기에 나타나는 현상인데, 내가 보기에는 시대적 특성이 더 그렇게 만드는 게 아닌가 싶다. 문해력은 경험과 지식이 많을수록 높은 수준을 보인다. 당연하다. 직장에서 지위가 높은 사람일수록 문해력 수준도 높다. 보고서와 계약서 작성, 브리핑 등을 통해 자의든 타의든 사회적 언어가 성장했기 때문이다. 하물며 '부장님 개그'인 언어유희는 문해력이 없으면 구사할 수 없다.

아이들의 어휘력과 표현력을 강화하기 위해서는 어휘를 많이 다루어보는 수밖에 없다. 뉴스와 신문을 통해 간접적으로나마 사회를 경험하게 하자. 아이들끼리의 대화에 사용되는 어휘 수는 빈약하므로 어른과 많이 대화하게 하자. 주의할 점은 아이의 어휘력이 부족하다고 해서 모르는 단어를 나열해 영어 단어 암기하듯 시키지 않는 것이다. 어휘력에 전혀 도움 되지 않는다. 다양한 분야의 책을 읽어주며 모르는 단어는 묻고 찾아보게 하라. 동음이의어와 같은 국어의 요소를 구분하는 능력뿐 아니라 문해력을 키워줄 것이다. 그리고 우리나라의 사회적 언어는 반 이상이 한자어다. 한자는 의미를 정확하게 하므로 배워 두면 어휘력 향상에 도움이 된다.

코딩도 문맥에 맞는 정확한 어휘를 사용하는 데에 도움이 된다. 코딩에서는 점 하나만 틀려도 프로그램이 실행되지 않으며, 사용되는 어휘에 모호함이 없다. 코딩 활동으로 어휘력을 늘리고 싶다면 낱말 퍼즐, 단어 퀴즈를 간단하게 활용해도 좋고, 언플러그드 활동으로 지하철 노선도를 펼쳐놓고 역 이름의 뜻을 찾아보는 것도 좋다.

중요한 것은 소통이 된다고 하여 그저 쉽고 편하게 말을 사용하는 것을 지양하는 일이다. 문해력은 사회적 약속을 배우는 과정이다. 문해력의 수준은 사람의 품격과 인간관계를 형성한다. 사용하는 말과 글이 수준을 결정한다. 옛날에는 한자를 알고 모르고의 차이가 신분을 구분하는 기준이 되었다. 글을 아는 것은 곧 권력이었다. 현대사회에도 그 구분은 존재한다. 법조계와 의료계가 대표적인 예다. 그들만의 특별한 언어를 가지는 것은 물론 그것으로 사회적인 지위가 결정된다. 고도의 전문성을 가진 분야도 마찬가지다. 어울리는 언어가 있고 예절이 있다. 전문가가 되기 위해 문해력을 길러야 한다는 말은 아니다. 문해력을 기르는 것은 사회생활의 기본이 되는 언어를 배우고 소통하기 위함이다. 상황에 어울리는 어휘와 표현을 배우는 것이다.

스스로 답을 찾는 아이들

아이가 자조 능력을 갖추기 위해서 부모는 유도자, 동반자가 되어야 한다. 가르치는 존재가 아닌 공감하는 존재여야 한다. 그런데 그 경계가 참 어렵다. 어설픈 아이를 보면 하나부터 열까지 챙겨주고 싶다. 그러나 지나친 관심과 보호는 아이에게 근본적인 결핍을 겪게 한다. 여행도 다니고 각종 체험도 시키는데 무슨 소리인가 싶을 것이다. 여기서 말하는 결핍은 물질적 결핍이 아니라, 자조 능력을 기르기 위한 사회적 경험의 결핍을 말한다. 지금의 아이들은 세상을 경험할 기회가 정말 적다.

몇 년 전 아이들이 기차를 타보고 싶다고 해서 처음으로 기차여행을 다녀왔다. 나와 아내는 두 아이를 돌보며 몇 번을 갈아타야 하는 대중교통에 피곤하기 그지없었지만, 아이들은 앞 좌석에 꽂힌 잡지를 보고, 의자를 돌려 마주 앉는 것만으로 정말 즐거워했다. 화장실에 다녀오는 아빠의 모습을 보며 기차에 화장실도 있느냐며 궁금해하기도 했다. 책에서 보기만 한 기차를 직접 직접 경험해본 아이들을 보며 사회적 경험의 중요성을 깨달았다. 대중교통 이용은 사회적 약속을 가르치기 위한 가장 좋은 교육수단이다. 버스나 지하철을 이용하려면 돈을 내야 한다는 것, 공공장소에는 그에 맞는 예절이 있다는 것뿐 아니라, 환승이 무엇인지, 잘못 내리면 어떻게 해야 하는지, 물건을 잃어버리면 어떻게 해야 하는지, 위급한 상황에는 어떻게 해야 하는지 등을 체험할 수 있다. 다음에는 고속버스를 이용해볼 생각이다. 버스표를 예매하는 법, 정해진 시간에 출발하는 버스를 타기 위해 일찍 준비하는 경험, 출발 전 화장실에 들러야 하는 사실 등을 통해 '준비' 개념을 심어줄 수 있을 것이다. 원하던 때 원하는 만큼 이용했던 휴게소도 그럴 수 없다는 걸 깨닫게 될 것이다. 무엇을 준비하고, 무엇이 필요한지 스스로 알고 찾을 수 있는 능력은 현장에서 이루어진다.

지하철로 두 정거장을 가야 하는 공원에 갈 때, 나는 아이에게 스마트폰으로 지도를 켜서 직접 길을 찾도록 했다. 자신 있어 하던 아이는 지하철역에 들어서자마자 헤매기 시작했다. 따라만 다니던 길이 혼자서 가려니 낯설었나 보다. 게이트를 통과해야 하는데 어찌할 바를 모른다. 일회용 교통카드를 알려주고 뽑아주었다. 게이트를 통과하고 나서 또 방향을 못 잡는다. 주변에 표지판도 보지 못한다. 목적지도 모르는 것 같다. 그렇게 막힐 때마다 설명해주며 우여곡절 끝에 공원에 도착했다. 진짜 능력은 막힐 때 드러난다. 막힘을 경험하고 그것을 극복하기 위해 고민할 때 생각이 자란다. 제한된 여건과 결핍 속에서도 가진 것을 충분히 활용하여 해결할 수 있는 능력을 발휘할 수 있도록 지도해야 한다. 이때 부모는 한 발짝 물러나자. 아이들은 마음대로 되지 않을 때, 갖고 싶은 것을 갖지 못할 때 좀처럼 기다리지 못한다. 떼쓰고 갖고 있던 물건을 상하게 하는 등 나름 머리를 쓰지만, 그래도 부모는 지켜봐주어야 한다. 사회에서 자기 자리를 찾는 정체성을 가르치는 일이다. 세상에는 기쁨도 있지만 뜻대로 되지 않는 일도 많다. 아이가 앞으로 사회에서 겪어야 할 일들이므로, 아이의 자조 능력과 가진 것을 활용하는 능력을 키워주자. 그리고 아이의 수준은 생각보다 뛰어나다. 초등학생이 만든 앱이나 프로그램을 보면 얼마나 창의적이고 뛰어난지 모른다. 부모의 세계가 작아서는 안 된다. 학교 공부에 가려진 진정한 가치와 행복을 찾는 교육이 중요하다. 아이들의 호기심과 상상력은 수험을 위한 것이 아니다.

내가 코딩을 좋아하는 이유는 여기에 있다. 코딩은 세상에 대한 실체적인 접근을 가능하게 한다. 현실이든 가상 세계든 아이의 호기심과 상상력을 실현하게 하며, 경계를 허물고 진짜 교육을 위한 수단이 되기 때문이다. 정말 매력적이지 않을 수 없다.

구글어스는 누구나 무료로 사용할 수 있는 구글의 지도 프로그램이다. 지구 전체의 모습부터 우리집 앞 주차장에 있는 자동차까지 확인할 수 있다. 해외에서는 마야 문명에 푹 빠진 15살 소년이 구글어스로 마야 유적지를 발견한 일이 있다. 왜 마야인들의 도시가 강에서 멀리 떨어진 숲에 있는지 의문을 품고, 그 위치가 마야인들이 숭배하던 별자리와 관련한다는 가설을 세워 별자리 지도를 구글어스로 대조한 것이다. 어떻게 그간 학자들도 풀지 못한 마야의 비밀을 15살의 소년이 컴퓨터 앞에 앉아 푼 것일까? 이 위대한 발견을 나는 감히 컴퓨팅 사고력 덕분이라고 하고 싶다. 컴퓨팅 사고력은 호기심과 상상력을 실체화한다. 소년이 마야 문명에 대한 호기심과 상상력을 그들의 뛰어난 건축술과 천문학적 지식에 접목한 뒤, 자신의 가설을 다양한 방법으로 검증해 나가는 과정이 바로 컴퓨팅 사고력이다. 4년간의 노력 끝에 얻은 성과라는 건 정말 놀랍다.

코딩은 아이들의 시야를 넓혀준다. 코딩을 배운다고 프로그래머가 되는 건 아니지만, 기기를 활용하는 능력과 기존의 지식과 경험을 적용하는 능력은 자란다. 또한, 코딩은 아이디어를 일상에서 실현하게 한다. 컴퓨팅 사고에 자유로운 학생들이 만든 멋진 발명품과 작품을 보자. 이들은 3D프린터로 직접 디자인한 부품과 재료로 근사한 로봇을 만들어낸다. 사람의 내장 기관을 본뜬 알약을 만든 학생도 있다. 소화가 안 되면 위장 모양의 약을 먹으면 된다. 약의 생김

새만 보고 무슨 약인지 모르는 사람들에게 도움이 될 것이다. 기발하지 않은가? 사회에 대한 관심과 배려가 담긴 하나의 작품이다. 상대를 이해하지 못하고 아픔과 불편함을 공감하지 않으면 나오지 못할 아이디어다. 뉴스를 요약해 제공하는 앱과 버스의 위치를 실시간으로 알려주는 앱을 개발한 것도 10대의 청소년이다. 이들의 기발한 발상과 행동 모두 누가 시켜서 한 게 아니라는 점이 놀랍다.

컴퓨팅 사고력을 기르면 공부가 쉬워진다

컴퓨팅 사고력은 크게 '절차, 확장, 연결, 전환'이라는 네 가지 과정을 포함한다. 물론, 컴퓨팅 사고력에 대한 정의가 조금씩 다르듯이 사고의 과정이 단계적으로 적용되는 것은 아니므로 상황에 맞게 적용할 수 있다. 각 과정에서 드러나는 특성은 다음과 같다.

사회에는 약속된 '절차'가 있다. 아무리 처음 접하는 일이어도, 절차를 알면 어디에든 쉽게 적응하고 활용할 수 있다. 요리의 절차를 알면 어떤 요리도 쉽게 할 수 있는 것처럼 말이다. 그리고 절차는 사회적 약속이기 때문에, 문해력의 특징과 다르지 않다. 문제를 풀거나 책을 읽을 때 우리는 처음부터 차근차근 정리해 나간다. 처음을 건너뛰고 중간부터 읽더라도 결국 큰 흐름을 놓치지 않아야 한다. 결과를 찾는 과정 또한 즐거워진다. 산에 오를 때도 정상으로 가는 길은 많고, 가는 길마다의 풍경도 다르다. 또한, 편안하고 좋은 길을 선택할 수도 있지만, 산에 오르는 목적에 따라 험한 길을 선택할 수도 있다. 정답은 없다.

컴퓨팅 사고력은 다양한 경우의 수를 생각하게 한다. 사고의 '확장'이 이루어진다. 컴퓨팅 사고력을 갖춘 사람은 집에서 학교까지 가는 과정을 단순히 '집에서 학교에 간다'라고 생각하지 않는다. 몇 시에 일어날 것인지, 날씨에 따라 어떤 옷을 입어야 하는지 등의 다양한 상황과 이벤트를 상상한다. 하나를 보면 열을 생각하는 게 그들이다.

프로그램 개발자들은 프로그램을 개발할 때, 각 분야의 지식과 정보를 폭넓게 수집하고 이해한 뒤 획득한 지식을 또 다른 지식이나 사물과 '연결'하는 과정을 거친다. 여기에서는 창의적인 문제해결 과정이 이루어진다. 창의적이라는 말은 전에 없던 새로운 것을 만든다는 게 아니라, 조금 다르게 바라보고 연결하여 적용해보는 것을 말한다. 예를 들어, 스마트폰은 전에 없던 획기적인 창조물이 아니라 기존에 있던 기능을 합쳐 만든 결과물이다. 전화, 오디오, TV, 계산기, GPS 등 기존에 사용하던 기능들을 휴대해 사용할 수 있게 만든 것이다. 앞서 소개한 인간의 내장 기관을 본뜬 알약도 전에 없던 것을 보여준 게 아니라 기존의 알약에 내장 기관의 모양을 '연결'한 것이다. 이렇게 창의적 사고는 특별한 능력이 아니다.

그다음은 '전환'의 단계다. 코딩의 경우 생각이 글로, 글이 숫자와 기호로, 숫자와 기호가 프로그래밍 언어로 전환된다. 그리고 이미지, 영상 등으로 다시 전환되며 실체화된 결과를 바로 마주할 수 있다. 결과를 바로 알 수 있기에 과정에서의 문제점을 꼼꼼히 짚어보게 한다. 이 전환적인 사고는 독서 능력에도 긍정적이고, 특히 전환적 사고가 많이 요구되는 수학 과목에 직접적인 영향을 준다.

코딩을 한다는 것은 생산자 관점으로 활동하는 것이다. 컴퓨터가 알아들을 수 있도록 가르친다고 해도 무리는 없다. 컴퓨터는 입력한 그대로 출력이 이루어진다. 우리가 이미 알고 있는 공부 잘하는 방법의 하나가 바로 선생님이 되어 공부하기이다. 가르치기 위해 먼저 학습하고 상대방이 알아들을 수 있도록 재해석하면서 학습 효과를 극대화하는 방법으로 게임을 하느냐, 게임을 만드느냐로 이해할 수 있다. 이러한 효과 때문에 코딩은 능동적인 학습효과를 유발한다. 프로그램을 직접 만들며 적용할 수도 있고, 코딩을 통해 길러진 컴퓨팅 사고력을 일상에서 접하는 모든 것에 적용할 수 있다. 한글을 배우는 과정과도 비슷하다. 한글은 구성하는 자음과 모음을 알고 조합해 글자를 만든다. 글자를 만드는 원리만 알면 굳이 따로 배우지 않아도 금방 터득한다. 그렇게 스스로 세상의 모든 소리를 쓸 수 있게 된다. 즉, 컴퓨팅 사고력은 원리를 깨우치는 과정이므로 세상을 구성하는 모든 존재를 파헤칠 수 있다. 아이들의 수준으로 이야기하자면 '학교, 병원, 소방서, 경찰서가 왜 있고 무엇을 하는 곳인지 이해하는 것'으로 말할 수 있다. 그곳은 어떤 일을 하는 곳이며, 왜 존재하는지를 이해하면서 컴퓨팅 사고력이 자란다.

공부에 적용해보자. 이 학문은 왜 존재하는지, 무엇을 공부해야 하며, 어디에 적용할 수 있는지 등을 생각하는 게 시작이고, 원리를 깨우치면 공부를 잘하게 된다. 물론 노력도 필요하다. 코딩을 배우고 컴퓨팅 사고력의 개념을 알았다고 해서 성적이 좋아지는 건 아니다. 아는 것과 실행에는 차이가 있다. 공부를 잘하는 학생은 결코 요령을 부리지 않는다. 수업 시간에 집중하고 교과서를 여러 번 읽고 쓰고 다시 정리하면서 원리를 파악한 다음, 많은 문제를 풀어본다. 이렇게 컴퓨팅 사고력과 노력을 갖춘 학생은 공부를 효율적이고 재미있게 한다.

또한, 컴퓨팅 사고력은 한번 배우고 끝나는 지식의 습득이 아니라 가진 지식과 경험을 총동원하며 꾸준히 일상에 적용하는 능력이다. 사실 누구나 가진 능력인데, 과정에 중점을 두지 않으니 활용이 되지 않을 뿐이다. 그리고 아이들은 이 능력을 스스로 습득하기에는 어려움이 있다. 예를 들어, 아이들은 코딩교육을 받아도 부모의 피드백이 없으면 적극적으로 코딩을 활용하지 못한다. 부모가 코딩에 대한 지식을 조금이라도 갖추고 싶다면? EBS 이솝, 플레이북, 스크래치, 엔트리 등 코딩 정보를 제공하는 곳은 많다. 무료로 진행하는 곳도 있으니 참고하자. 이왕이면 아이들과 소통하며 함께 공부하는 것도 좋겠다.

디지털 기기를 활용해서 문해력을 키워요

많은 부모가 아이들에게 디지털 기기로 문해력을 지도하는 것을 조심스러워한다. 그러나 지금은 디지털 기기 활용도 능력이다. 같은 스마트폰을 어떻게 활용하는가에 따라 수준이 결정될 것이다. 디지털 기기를 자유자재로 다루는 아이는 구글어스로 명소를 찾아보는 것으로 끝내지 않고 고대 도시를 발견한다. 구글어스로 지구를 확대해가며 우리집이 어디에 있는지 찾아보자. 그것만으로도 아이는 견문을 넓힐 수 있다. 이러한 관점에서 보면 스마트폰으로 문해력을 기를 수 있는 것도 활용하기 나름이다. 문해력이 단순히 글을 읽고 해석하는 것이 아니라 입체적인 사고력을 기르는 데 의미가 있기 때문이다.

현재 스마트폰은 인간과 가장 가까운 물건이다. 지갑이나 액세서리가 아니다. 예전에는 지갑을 잃어버리면 펄쩍 뛰었으나 지금은 그렇지 않다. 아무튼, 30년 전 국가별로 한 대씩밖에 없던 슈퍼컴퓨터 성능의 기계를 우리는 주머니 속에 개인당 한 대로 넣고 다닌다. 스마트폰을 온전히 활용하지 못하는 사람은 디지털 시대를 제대로 살고 있다고 볼 수 없다. 스마트폰의 기능을 하나하나 살펴본 적이 있는가? 아이와 스마트폰에 어떤 기능이 있는지, 이 기능을 언제 어떻게 사용하면 되는지 연구해보자. 앱 외에 블루투스나 미러링, 테더링, 생체 인식 등 이미 탑재된 기능도 많다. 또한 건강 진단, AR, VR을 활용한 다양한 미래 기술이 스마트폰 속으로 하나씩 들어오고 있다.

문해력 성장을 위한다고 스마트폰으로 전차책을 읽거나, 강의를 보거나 학습 콘텐츠를 수동적으로 사용하는 것은 추천하지 않는다. 앞서 지적했듯이 눈으로 보는 관성에서 벗어나야 하기 때문이다. '보는 스마트폰'에서 '활용하는 스마트폰'이 되어야 한다. 무엇보다 아이들은 뛰놀며 성장해야 해야 한다. 활발한 신체 활동은 아이들의 두뇌를 충분히 자극한다. 문해력과 컴퓨팅 사고력을 주로 다루기에 강조하진 못했지만, 아이들의 성장에 있어 신체 활동만큼 중요한 것은 없다. 놀면서 머리가 트인다. 뛰고 소리 지르면서 성장한다.

그렇다면 어떻게 스마트폰을 활용해 문해력을 키울 수 있는가?

컴퓨팅 사고 연결 접근 차원의 몇 가지 방법을 소개한다.

네이버 스마트렌즈

많은 사람이 이미 활용하고 있는 기능일 것이다. 네이버 앱의 '렌즈' 탭을 눌러 접속하자. 대표적인 기능은 이름 모를 꽃을 검색하고 싶을 때, 외국어를 번역할 때 등이다. 찍기만 하면 이미지 검색으로 관련된 모든 정보를 얻을 수 있다. 나는 아이들과 공원에 나가 풀과 꽃을 검색할 때 사용해보았다. 스마트폰과 수첩, 펜을 들고 공원에 가서 궁금한 식물과 꽃을 스마트렌즈로 찍어 그 내용을 수첩에 기록해 식물일지를 만든 것이다. 모양과 색을 그리고, 생김새와 특징을 기록하는 행위는 관찰력을 길러준다. 캠핑할 때 주운 야생 열매 정보도 이렇게 찾아 먹을 수 있는 열매인지 아닌지 알아보기도 했다.

사진으로 글자 만들기

이 활동은 주변의 사물에서 한글의 자음과 모음을 찾는 활동이다. 예를 들어 '가족'이라는 글자를 만들기 위해서 주변 나무나 조형물에서 'ㄱ'과 'ㅏ'를 찾아가며 사진을 찍어 글자를 완성하는 활동이다. 글자의 원리를 이해할 수 있으며, 완성된 단어로 이행시나 삼행시 짓기 등의 활동을 더하면 생각을 확장할 수 있다. 아이의 안전이

보장되는 선에서 진행할 것을 권한다.

규칙은 없다. 아이들이 즐거워하는 요소를 찾아 스마트폰을 활용해 유익한 시간을 보내는 게 핵심이다. 사실 아이들에게 스마트폰에 어떤 기능이 있는지 말로 설명한다고 해서 그 기능을 다 사용하거나 이해하는 건 아니다. 그래서 이렇게 직접 활용하게 하는 것이다. 자연에서 신체 활동까지 할 수 있으니 일석이조다. 이 밖에 직접 시나리오를 써서 유튜브 영상을 제작하거나, 좋아하는 노래를 틀어놓고 노랫말을 받아쓰거나, 유명 애니메이션의 자막을 직접 작성해보는 등 문해력 향상을 위한 활동은 무궁무진하다. 타자 연습도 권한다. 종이에 직접 써보는 활동이 전제한다는 조건 아래, 타자 연습은 다양한 어휘를 접하게 한다. 문학작품을 타자로 필사해보는 것도 좋겠다. 이러한 활동을 마무리하고 나서는 반드시 칭찬이라는 보상을 해주자. 성취감을 느끼게 하고 적극적인 참여를 유도할 수 있다.

4장.

컴퓨팅 사고, 단계별 적용 방법

1단계

낯선 것을 익숙하게 만드는 적응력 기르기

"적응력이란 일정한 조건이나 환경 따위에 맞추어 응하거나 알맞게 되는 능력"

— 국립국어원 표준국어대사전

인생은 적응의 연속이다. 아이들은 학교에 입학해 새로운 선생님을 만나고, 새로운 친구를 사귀며, 새 교과서에 적응해 나간다. 시험도 매번 새롭다. 또한, 적응에 거침없는 아이가 있는가 하면 낯가림이 유독 심한 아이도 있다. 그러나 둘 중 누가 사회에 더 잘 적응할지는 알 수 없다. 학교는 사회생활의 시작일 뿐이다. 학교는 공부만 하는 곳이 아니라, 학교라는 사회 안에서 규칙과 질서도 지켜야 하는 곳이다. 요즘에는 어린이집에 다니는 아이가 많으니 이런 사회생활을 일찍 시작하는 아이도 많아 보인다. 문제는 학교에 입학해 성적이라는 꼬리표가 붙으면서 적응에 대한 해석이 달라지는 것이다. 그저 친구들과 잘 어울리는 것에서 공부하는 것으로 무게중심이 옮겨진다. 그리고 부모는 그 격차에 집중한다. 그러나 성적은 아이가 학교생활에 잘 적응하고 있다는 기준이 되지는 못한다. 특히나 초등학교 과정은 성장과 발달을 위한 과정이자, 본격적인 시험을 준비하는 과정이다. 굳이 공부를 강조하고 싶다면 시험이 중요하다는 사실 정도만 인지시켜도 충분하다. 그렇다면 부모는 정확히 아이의 초등학교 적응을 위해 무엇을, 어떻게 도와야 할까?

학교라는 장소 이해하기

학교에 갓 입학한 아이에게는 초등학교라는 장소에 대해 충분히 설명해주어야 한다. 입학 전에 다양한 곳에 다녀보며 장소마다 규칙과 절차가 있다는 걸 인지시키자. 예를 들어, 박물관은 역사적 자료와 유물, 예술품 등을 수집, 보존, 진열하는 곳이다. 우리는 박물관에 가서 그것들을 관람하며 역사적 가치를 이해함과 동시에 뛰거나 큰 소리를 내거나 함부로 사진을 찍는 등의 행위를 해서는 안 된다. 학교에 입학하기 전 이렇게 다양한 장소에 다녀보며 그마다의 목적과 질서를 익혀야 한다. 그리고 학교는 '꿈과 재능을 찾기 위해 공부하는 곳'이다. 아이는 학생의 신분을 이해하고, 학년별·과목별 달성해야 할 과업이 있다는 것을 알아야 한다. 그리고 학교는 어린이집이나 유치원과는 달리 마음대로 빠질 수 없다. 비가 오나 눈이 오나 가야 하는 곳이다. 몸이 아프거나 중요한 집안 행사가 있을 때 외에는 학교의 규칙과 질서를 지키는 게 중요하다고 알려주자.

아이의 마음 들어주기

아이들은 학교에 입학하면 새로운 환경에 긴장한다. 낯가림이 심한 아이는 새로운 환경 자체에 스트레스 받고, 거침없는 아이들은 유치원보다 엄격해진 규율에 스트레스 받는다. 진급하는 아이는 누구와 같은 반이 되고 싶다거나, 누가 싫다거나, 누가 부럽다는 마음을 갖기도 한다. 이 시기의 아이들은 인정 욕구도 강하다. 줄넘기를 잘해서 박수받고 싶고, 발표를 잘해서 선생님께 칭찬 듣고 싶다. 그리고 이 모든 감정을 부모에게 이야기한다. 학교에서 무슨 일이 있었는지 자랑도 하고 싶고 속상한 마음을 위로받고 싶어서다. 이러한 이야기를 있는 그대로 들어주고 수용해주자. 아이의 모든 표현은 교정의 대상이 아니라 인정의 대상이다. 즐겁게 소통하는 것만으로도 아이는 바르게 자란다.

칭찬하기

칭찬받고 인정받는 아이는 적응력이 좋다. 그리고 이 시기의 아이들은 자조 능력을 갖춰야 하는데, 칭찬만큼 좋은 게 없을 것이다. 칭찬할 게 없다면 슬픈 일이다. 친구들과 싸우지 않고 사이좋게 지내는 것, 잘 노는 것 모두 칭찬받을 만하다. 아이의 존재 자체가 칭찬받아 마땅하다. 전략적으로 칭찬 노트를 만드는 것도 방법이다. 칭찬에 인색한 부모, 칭찬할 순간을 놓치는 부모가 되지 않도록 하자.

문해력의 이해

초등학교 시기는 문해력 성장의 최적기다. 좋아하는 책에서 필요한 책을 찾아 읽기 시작하는 시기이며, 교과서의 생소한 문장을 읽고 해석해야 하는 시기이다. 성적을 높이고 싶다면 눈으로 보기보다 말하고 쓰게 하자. 기억력과 직결되는 활동이므로 성적과 무관하지 않다. 그리고 초등학교 때는 중고등학교 때보다 시간이 많으므로 견문을 넓히기에 좋은 시기다. 많은 곳을 다니며 보고 듣고 느끼게 하는 것만으로도 문해력을 길러줄 수 있다. 공부할 때는 모르는 단어나 이해하지 못하는 문제를 바로바로 해결하는 습관을 들이게 하는 것도 필요하다. 모른다고 뛰어넘는 습관은 시간이 갈수록 해결할 수 없는 학습의 격차를 초래한다. 어느 정도 글을 쓸 줄 알고, 책을 이해하며 읽기 시작했다면 독후감 쓰기와 독서 토론을 익숙하게 해주어야 한다. 조리 있게, 나름의 의견을 관철하는 글을 쓸 줄 알게 되면 고학년이 되어도 공부에 어려움이 없다. 그럼에도 불구하고 성적이 좋지 않다면 문해력 어딘가에 구멍이 있다는 이야기이다.

컴퓨팅 사고력의 시작

규칙과 절차를 이해하는 데는 컴퓨팅 사고력이 필요하다. 코딩을 배우는 이유도 컴퓨팅 사고력을 위해서다. 코딩은 미래 직업인 프로그래머가 될 수도 있고, 생활 속 원리를 발견하고 창의적으로 문제를 해결하도록 돕는다. 피상적 사고에서 깊이 있는 통찰력으로 안내하며, 스마트폰을 비롯한 디지털 기기의 활용으로 사고를 확장한다. 또한, 글에서 숫자와 기호로, 다시 글로 연결하며 사고의 전환을 돕는다. 즉, 복잡하고 어려운 문제를 풀 수 있는 능력을 길러준다. 코딩을 어려워한다면 블록이나 퍼즐 등의 언플러그드 활동으로 시작하는 것도 좋은 방법이다.

서두르지 않기

아이가 시험을 치르고 나면 부모는 마음이 급해진다. 성적 때문이다. 그러나 서두르지 말자. 아이는 아직 시험에 대한 준비가 되어 있지 않을 뿐, 건강하게 잘 자라고 있다. 오히려 아이는 시험에 대한 개념도 모르는데 시험을 치른 후 달라진 부모의 모습에 충격을 받는 경우가 더 많다. 그리고 아이는 늘어난 숙제량에 스트레스 받고 있을 수 있다. 공부하라고 닦달하기보다 스스로 계획을 세워 숙제하고, 공부하고, 휴식을 취할 수 있도록 돕자. 운동도 중요하다. 운동은 스트레스를 낮춰주고 공부 체력을 키워준다. 다시 한번 상기해본다. 아이는 부모의 생각보다 뛰어나다.

1단계

그림일기는 창의력을 쑥쑥 자라나게 한다

"창의력은 새로운 것을 생각해내는 능력"

— 국립국어원 표준국어대사전

그림은 아이들의 주요 표현 수단이자, 상상을 실체화해주는 수단이다. 아이가 백지 위에 그린 그림을 보면 못 그렸을지라도 기발하기로는 으뜸이다. 그리고 그림 그리기에도 컴퓨팅 사고력이 적용된다. 머릿속의 상상을 그림으로 전환해내는 과정이 그러하다. 그리고 디자인적 사고 또한 코딩에 요구되는 능력이다.

평소 그림일기를 쓰게 하자. 글과 그림으로 자기 생각을 조화롭게 표현할 수 있게 된다. 처음에는 글과 그림을 구분하기 어려울 수도, 무엇을 그린 것인지 알 수 없기도 하겠지만 꾸준하고 충분한 피드백이 있으면 발전한다. 나는 사진 일기를 쓰며 문해력을 키웠다. 현재의 마음 상태에 어울리는 사진을 찾아 그 느낌을 살려 글을 썼다. 두 편의 영화를 비교하여 글을 쓰기도 하고 예술작품을 보고 느낀 점과 메시지를 연결해 쓰기도 했다. 이런 사진 일기는 생각하는 힘과 감상을 더욱 풍부하게 했으며 속상하거나 답답한 마음을 달래주기도 했다. 아이들의 그림일기도 이와 같은 효과가 난다. 아이들은 글로는 표현하기 힘든 것을 그림으로 풍부하게 표현하기도 하고, 그림에 맞는 글을 쓰기도 하며 마음껏 창의력과 사고력을 확장해 나간다.

일기 쓰기는 하루를 반성하고 기억하고 싶은 일, 바라는 일, 좋아하는 일 등을 기록하는 시간이다. 매일 쓰는 게 부담이라면 특별한 일이 있을 때 쓰는 것도 좋겠다. 그림 그리기를 유독 힘들어한다면 사진을 프린트해 붙여 쓰는 것도 좋다. 다음은 아이와 함께한 그리기 활동이다.

가족 얼굴 그리기

아이와 마주 보며 서로의 얼굴을 그려보자. 비슷하지는 않아도 특징을 잘 잡아내는 아이의 능력을 볼 수 있을 것이다. 무표정보다는 다양한 표정을 그려보게 하면 즐겁다. 아이와의 교감은 신체 놀이도 좋지만 아이 콘택트로도 이루어진다. 풍부한 표정으로, 사랑스러운 눈빛으로 아이와 교감하는 시간을 보내자. 스마트폰을 이용해 이모티콘으로 만드는 작업도 즐거운 소통이 된다.

설명대로 그리기

도형이나 사물을 활용해 아이와 즐겁게 소통하는 방법이다. 아빠는 종이컵의 생김새를 설명하고, 아이는 아빠의 설명을 듣고 그린다. 설명하는 것이 종이컵이라는 사실을 모르게 하는 것이 핵심이다. 사물을 유추하는 감각을 기를 수 있다. 반대로 아이가 설명하게 하는 것도 필요하다. 사물을 관찰하고 표현하는 능력이 배가된다. 엄마에게 설명하게 하고 아이와 같이 그림을 그려본 뒤 비교하는 것도 좋다.

그림을 글로 표현하기

그림 감각을 익혔다면 글 감각도 익혀보자. 그림이나 사물을 글로 묘사하는 것이다. 외형에 대한 직관적인 설명에서 느낌을 가미한 표현도 가능하도록 지도하는 것이 좋겠다. 독수리의 매섭고 날카로운 눈빛, 외롭게 서 있는 나무 한 그루 등 표현에 제한을 두지 말자. 아이의 기발한 표현을 만날 수 있을 것이다. 그리고 픽토그램(그림그래프)을 설

50

명하는 글로 나타내기도 추천한다. 화장실, 건널목, 제한속도 표지판을 보고 의미하는 바를 쓰는 것이다. 예를 들어, 위의 픽토그램을 보았다면 '이 도로에서는 50km 이상으로 달려야 하는 것을 의미합니다'라고 쓸 수 있어야 한다. 픽토그램의 사회적 효율성도 이해할 수 있다.

색깔의 이해

색은 기분, 느낌, 분위기 등을 나타내는 요소이다. 색깔마다의 느낌을 이야기해보자. 색깔을 넣어 대화하면 아이의 표현력이 풍부해진다. 나는 대자연 속에서 아이들의 느낌이 풍부해짐을 느낀다. 푸른 하늘과 흰 구름은 아이들에게 긍정적인 느낌을 준다. 반면에 어두운 색 계열은 무섭고 슬픈 느낌을 준다. 책을 읽은 후 등장인물이나 일어난 사건에 대한 느낌을 색으로 표현하는 것도 좋은 활동이다. 색깔은 사회적 약속도 알게 한다. 소방차가 왜 빨간색인지, 통학버스가 왜 노란색인지, 신호등 색깔은 왜 구분되어 있고, 장례식에 갈 때는 왜 검은 옷을 입는지, 환경미화원은 왜 형광색 옷을 입는지 등을 이야기 나누자.

정서가 담긴 그림

아이의 그림에는 아이의 마음 상태가 들어 있다. 나는 아이가 미술학원에서 그려온 아빠의 모습을 보고 반성한 적이 있다. 뚱뚱한 곰이 잠을 잠자고 있는 모습이었다. 그간 잘 놀아주었다고 생각했는데 그게 아니었나 보다. 배신감도 들었지만 그래도 칭찬해주었다. 이렇게 아이의 그림에는 아이가 느끼는 일상의 모든 것이 가감 없이 표현된다. 못 그린 그림이라도 주의 깊게 살펴보자. 아이의 생활과 시각, 마음 등을 헤아리는 데 훌륭한 지표가 된다.

3D 프린팅

요즘은 3차원 입체 시대다. 3D 프린트로 건물을 짓는 시대며, 대부분의 설계도 3D로 이뤄진다. 평면으로 이해하는 시대가 저물고 있다. 아이들이 2차원 좌표를 이해하기도 힘든데 3차원을 이해하기란 쉽지 않을 것이다. 그러나 시대적 요구이기에 아이도 익숙해져야 한다. 그림일기도 3D로 쓸 날이 머지않았다. 요즘 아이들은 코딩학원에서 3D 프린터기로 스마트폰 거치대를 출력해 만들어오기도 한다. 여의찮다면 인터넷에 다양한 무료 도면이 있으니 선택해 출력하거나, 10만 원대의 3D 프린터기를 구입해 직접 도면을 출력해 제작해보는 것도 좋겠다.

양이 많다고 좋은 게 아니다

1단계

'양보다 질'이라는 말을 많이 들어보았을 것이다. 공부에 적용한다면 공부의 양보다 깊이 있는 이해가 중요하다는 말이다. 많은 양의 공부는 그만큼 시간도 잡아먹는다. 더군다나 같은 내용을 단순히 반복하는 차원이라면 눈에 보이는 문자만 기억에 남을 확률이 높다. 아이가 수학 문제를 풀 때, 쉬운 문제만 풀고 어려운 문제는 넘어가지 않나 살펴보자. 어려운 문제에 매달리지 않는다면 시간만 채우고 진짜 공부는 안 하고 있는 것이다. 이렇게 하면 틀리는 문제를 계속 틀리고, 또래와의 격차는 점점 벌어진다.

엄청난 양의 교육 콘텐츠 또한 공부의 양만 늘린다. 어려운 문제를 직접 풀게 하지 않고, 해당 문제를 풀어주는 다른 콘텐츠를 찾게 하기 때문이다. 한 문제에 끈기 있게 매달려보는 경험, 스스로 사고하게 하는 경험을 빼앗는다. 책 읽기도 질을 높이는 방법으로 읽어야 한다. 많은 양의 책을 읽었더라도 겉핥기식으로 읽으면 피상적인 감각만 남을 뿐 내용의 숨은 의도와 의미를 알 수 없다. 한 권의 책, 한 줄의 글귀를 읽었더라도 충분히 감상할 여유가 필요하다.

양보다는 질이다. 저렴한 가방 수십 개가 있어도 비싼 명품 가방 하나가 더 좋다. 질적인 차이 때문이다. 강조하고 싶은 것은 명품 두뇌를 만들려면 그만한 노력과 정성이 필요하다는 사실이다. 양은 적절해야 한다. 양이 부족하면 얻을 수 없고, 양이 과하면 체한다.

아이들에게는 그마다 적정 수용 능력이 있다. 그렇다면 양을 줄이면서 어려운 문제만 풀라고 할 것인가? 리듬감 있게 지도하자. 원리를 알게 하는 쉬운 문제를 여러 개 풀었다면, 원리를 적용해야 하는 어려운 문제도 한두 개씩 넣는 것이다. 명품 두뇌를 만들기 위한 놀이를 소개한다.

달걀 요리 레시피

다양한 레시피 개발은 언플러그드 코딩 활동으로 많이 활용된다. 과정 전체를 파악한 뒤 다양한 조건을 가미해 결과를 얻는 과정으로, 글을 정리하고 순서도를 활용하여 알고리즘으로 표현할 수도 있다. 달걀 요리 레시피 활동에서는 달걀이 메인 재료이고, 요리 방법은 다양하다. 달걀 프라이의 조리 과정은 다음과 같다.

1. 달걀을 준비한다.
2. 프라이팬을 준비한다.
3. 식용유를 준비한다.
4. 프라이팬을 레인지에 올린다.
5. 프라이팬에 식용유를 두른다.
6. 달걀을 깨서 부친다.

이를 글로 정리하고, 알고리즘으로 표현하자. 확장해서 달걀찜, 달걀 스크램블을 적용해도 좋고, 자신만의 레시피를 창작해보는 것도 좋겠다.

블록 코딩

아이의 사고력이 어느 정도 수준에 도달하면 언플러그드 활동에서 블록 코딩의 단계로 넘어가는 것도 좋다. 직접 코딩 프로그램을 다뤄보며 깊이 있는 사고력을 경험할 수 있다. 위의 달걀 요리 레시피 절차를 이미지화해 요리 과정을 연출해보는 것도 좋고, 간단한 앱이나 연산 프로그램을 만들어보며 한 가지를 깊이 있게 들여다볼 수 있는 시간을 갖는 것도 좋다. 학원에 다니며 피드백 받는 것을 수도 있고, 온라인에서 제공하는 플랫폼을 이용하는 것도 좋다.

고장 난 장난감 분해하기

버려지는 장난감을 볼 때마다 마음이 아프다. 지저분하고 고장 난 장난감이어도 여전히 좋은 교육재료이기에 그렇다. 아이들은 장난감이 작동하지 않으면 단순히 배터리 방전 때문으로만 생각하는 듯하다. 고쳐볼 생각도 하지 않는다. 그러나 고장 난 장난감을 분해하면 장난감의 작동원리를 이해할 수 있다. 예를 들어, 자동차의 바퀴가 돌아가는 건 톱니에 전기가 가해져서 그렇고, 버튼을 누르면 저절로 감겨 들어가는 줄자는 안에 스파이럴 스프링이 들어가 있어서 그렇다. 분해해 보지 않으면 알 수 없는 원리다. 어차피 버려지는 장난감이니 거침없이 속을 파서 공부하자. 버튼이 눌리는 곳, 소리가 나는 곳을 살피는 것만으로도 아이들은 장난감이 그냥 만들어지는 게 아니라는 걸 배울 수 있다.

숨은 모습 찾기

'열 길 물속은 알아도 한 길 사람 속은 모른다', '빙산의 일각'이라는 말은 겉모습만 보고 판단하지 말고 본모습을 보라는 뜻이다. 아이들 스스로 적용하기는 어렵지만, 부모가 알려주면 충분히 숨겨진 모습을 찾아볼 수 있다. 익숙해지면 스팸, 허위광고, 정보에도 분별력을 가질 수 있는 능력이 갖춰진다. 특히 아이들은 나쁜 사람들의 유혹에 넘어가지 않도록 항상 주의해야 하기에 소홀함이 없어야 하겠다. 우리집은 애니메이션을 볼 때 악당이 누구일지 이야기 나누어본 뒤 감상한다. 텃밭에서는 감자, 고구마, 무를 캐기 전 잎사귀를 보고 크기와 상태를 가늠해본 뒤 캐서 비교해본다. 이렇게 숨겨진 모습을 생각할 수 있는 순간을 놓치지 않는다.

마인드맵

마인드맵은 이미 교과 과정에서 널리 사용되는 방법이다. 사고력 확장에 효과적이며, 집에서도 즐길 수 있어 적극적으로 추천한다. 책을 읽은 뒤, 주제를 정해 파생하는 단어 등을 연결하자. 아이가 터무니없는 단어를 연결한다면 그 이유를 적게 하라. 포인트는 '연결'이다. 창의성은 정답을 연결하는 게 아니라, 연결 자체에 있다. 초연결은 미래 인재의 핵심 능력 중 하나이다. 처음에는 많이 연결하지 못하더라도 꾸준히 하면 한 페이지를 꽉 채울 수 있을 정도의 사고 수준을 볼 수 있을 것이다.

1단계

핵심을 알게 하는 주의력으로 승부하라

"핵심이란 사물의 가장 중심이 되는 부분"

"주의력이란 한 가지 일에 마음을 집중하여 나가는 힘"

— 국립국어원 표준국어대사전

주의력이 부족하다는 것은 집중하지 못하고 산만하다는 의미이다. 해당 장소나 시간에 어울리지 않는 행동이나 생각도 주의력 부족이 원인이다. 또한, 집중력이 떨어지면 핵심을 찾을 수 없다. 핵심은 전체를 살펴보지 않으면 알 수 없고, 전체를 살펴보아도 과정을 기억하지 못하면 알 수 없다. 아이가 좀처럼 앉아 있지 못하거나 제멋대로라면 그만큼 현재 집중하지 못하는 환경에 처해 있는 것이다.

아이의 주의력을 파악하기는 쉽지 않다. 주의력이 부족한 것인지 하기 싫은 표현인지 구분이 어렵다. 그렇다고 무작정 화내는 것은 바람직하지 않다. 품위 있게 아이가 해서는 안 되는 행동을 지적하자. 아이의 울음소리와 떼가 괴롭더라도, 이성의 끈을 놓지 않고 일러주어야 아이가 주의력을 발휘해 환경에 휘둘리지 않는다. 아이의 모든 요구를 수용해서도 안 된다. 조절력과 주의력은 물론 성장이 늦어질 수도 있다. 또한, 유치원이나 학교에서는 정말 잘하는데 집에서는 잘하는 모습을 볼 수 없는 현상은 집 밖에서 그만큼 스트레스 받고 있다는 뜻이기도 하니 아이의 긴장감이 풀어진 모습에 지나친 염려는 금물이다.

최근에 아이의 방을 만들어주려고 책장을 옮기고 장난감들을 정리하고자 했다. 거실은 지저분했지만 아이는 새로운 놀이터가 생긴 것처럼 신나게 논다. 아빠 마음이 무거워진다. 저녁 시간이 되어 거실 한쪽에 식사를 준비했다. 그리고 밥을 먹자고 했는데 밥상 앞에 앉기까지 참 오래 걸린다. 거실에 널려 있는 책, 장난감들에 시선을 못 뗀다. 밥을 먹는 중간에도 물건들에 시선을 빼앗긴다.

주의력을 향상하고 싶다면 주변 환경 정리부터 시작하자. 정리되지 않은 환경이 산만하게 한다. 정리의 핵심은 있어야 할 것이 있어야 할 곳에 있는 것이다. 집을 공부에 집중하기 위한 환경으로 꾸미는 것에는 동의하지 않는다. 집은 누구의 눈치볼 것 없이 편하게 쉬는 곳이기 때문이다. 집은 최소한의 질서를 지키며, 책을 읽을 수 있는 환경이면 충분하다고 본다. 주의력을 분산시키는 요소를 살펴보자. 평소 생각지도 않다가도 침대를 보면 눕고 싶다. 안 그래도 하기 싫고 귀찮은 것에 대해 집중하기 힘들다. 그 와중에 평소 관심 없던 것에 지대한 관심이 생기기 시작한다. 공부 빼고 모든 것이 재미있다. 그러므로 아이만의 공간을 만들어주는 것이 좋겠다. 방이 없다면 책상을 만들어준다. 아이가 이곳은 공부하고 책 읽을 수 있는 곳이고, 자신만의 공간이라는 것을 이해시켜주는 것이 좋다. 그렇지 않으면 공부할 수 있는 곳으로 찾아가야 한다. 도서관, 서점으로 하고자 하는 것에 집중할 수 있는 공간으로 말이다.

정리정돈은 주의력을 높이는 것은 물론이고 문제해결에 기본이 된다. 컴퓨팅 사고력 차원에서 규칙을 찾고 패턴을 찾는 과정과 비슷하다. 한눈에 보이도록 시각화하는 것 자체가 집중력을 높이고자 하는 과정이다. 그리고 정리정돈은 산업현장의 사고와 사회의 범죄 예방에도 효과가 있다. 뉴욕의 지하철 범죄를 줄이기 위한 해결 방법으로 조치한 것이 바로 청소다. 지하철역에 쓰레기를 없애고 지저분한 낙서를 지우면서 환경을 정비해 나갔더니, 범죄율이 75% 줄었다. 즉, 정리는 핵심을 찾는 시간을 단축한다. 문제를 풀 때는 글, 그림, 숫자, 기호로 시각화하여 정리하도록 하라. 그리고 핵심 찾기는 어느 정도의 훈련이 필요한데, 피드백이 없으면 잘하고 있는지 검증이 어렵다. 함께 들여다보지 않으면 엉뚱한 피드백을 할 수 있으니 주의해야겠다. 주의력을 향상하기 위한 놀이 방법을 소개한다.

지하철역 찾아가기

아이와 함께 지하철 노선도를 펼쳐보자. 없다면 출력하거나 근처 지하철역에 가서 노선도를 하나 얻자. 그리고 출발지와 목적지를 정하고 가장 빠른 경로를 찾는다. 환승을 최소화하는 것이 빠른지, 환승하더라도 최단 역을 거치는 것이 빠른지 생각해보자. 그리고 스마트폰으로 검증하자. 가능하다면 직접 나서보는 것을 추천한다. 주변에 시선을 빼앗기지 않고 이정표에 집중해 가며 길을 찾는 과정은 좋은 훈련이 될 것이다.

다다퀴즈: 다른 하나 찾기

기준을 찾는 놀이로 우리집에서는 제일 자주 하는 놀이다. 예를 들어, "소파, 식탁, 침대, 정수기 중 다른 하나는?" 하고 퀴즈를 낸다. 정답은 없다. 아이들이 괴로워하며 고민하는 모습을 보는 것도 재미다. 답을 '침대'로 내놓았다면 기준은 장소 또는 ㅅ이 들어가지 않은 글자가 된다. 그러나 답을 '정수기'로 내놓았다면 기준은 글자 수가 된다. 아이들에게 답을 정한 이유를 반드시 설명하게 하자. 이러한 놀이는 간혹 아이들의 다양한 감각을 사용하게도 한다. 후각이나 청각을 사용한 답을 내놓았을 때는 감탄했다. 아이들의 창의력은 언제나 기대할 만하다.

알람 소리 만들기

아이들이 부모의 말을 듣지 않는다고 해서 소리를 안 듣는 건 아니다. 밖에서 신나게 놀다가도 부모의 목소리는 듣는다. 아이의 알람 시계에 부모의 목소리가 담긴 소리를 만들어 넣어보자. 우리집의 경우, 알람을 활용해 시간 관리를 시키려다가 실패한 적이 있다. 아이들이 아직 시간 개념이 없을 때였다. 그래서 하루를 기상 시간, 등교 시간, 학습지 풀이 시간 등으로 구분해 부모의 목소리가 들어간 알람 소리를 만들었다. 이후 아이들의 주의력이 확실히 좋아졌음은 물론이고, 무척 즐거워했다.

솔선수범하기

아이가 책 읽기를 좋아하게 만들고 싶으면 부모가 먼저 책을 읽어야 한다. 아이가 스마트폰에 빠지지 않게 하기 위해선 부모가 스마트폰과 멀어져야 한다. 그때그때 정리 잘하는 아이로 자라게 하려면 부모가 그때그때 정리해야 한다. 아이가 지켜보고 있다. 따라 하기 마련이다. 함께하자.

집중력도 습관으로 좋아질 수 있다

1단계

"집중력이란 마음이나 주의를 집중할 수 있는 힘"

— 국립국어원 표준국어대사전

주의력이 습관에 가깝다면 집중력은 훈련에 가까운 느낌이다. 집중력이 좋은 사람은 시간을 효율적으로 사용한다. 그런데 이 집중력을 발휘하는 시간에는 한계가 있고, 체력이 얼마나 뒷받침해주느냐에 따라 달라진다. 모든 역량을 집중시키는 과정이 인위적이기 때문에 적지 않은 체력이 소모된다. 긴 시간 앉아 있지만 멍때리는 아이들이다. 그래서 쉬는 시간이 중요하다. 쉬어야 체력이 생긴다. 뇌를 환기하고 다시 집중할 수 있는 상태가 되어야 한다. 아이가 집중할 수 있는 시간이 얼마나 되는지 파악한 후 적절히 쉬어가며 집중력을 유지하는 것이 중요하다.

그런데 뇌파를 직접 보지 않는 이상 아이들이 집중하는 데 시간을 측정하는 것은 어렵다. 혹여 연구소에 가서 뇌파를 측정한다 해도 큰 의미는 없어 보인다. 환경에 따라 아이들의 주의력에 차이가 있기 때문이다. 오히려 측정할 때는 적당한 긴장감과 집중할 수 있는 환경이 조성되어 결과가 좋게 나올 수 있어서 객관적인 지표로 활용하기엔 무리가 있을 듯싶다. 아이가 책상에 한 시간을 앉아 있었다고 해서 한 시간을 집중한 건 아닐 것이다. 사실 한 시간을 앉아 있었다면 그 자체로 대단한 것이다. 주의력에 관한 습관이 들었다고 볼 수 있기 때문이다. 그리고 집중력은 시간을 재서 '시작!' 한다고 해서 바로 집중할 수 있는 게 아니다. 수영을 하려면 준비운동을 해야 하듯이 집중하려면 예열하는 시간이 필요하다. 20~30분을 집중하려면 5~10분은 예열하는 시간을 갖고 서서히 집중해야 한다. 학년별로 수업 시간에 차이가 있는 것도 이러한 이유다.

천방지축 아이들이 수업 시간에 집중할 수 있는 이유는 선생님이 계시기 때문이다. 선생님의 눈치를 보며 적당히 긴장하며 시간을 보내는 있는 것이다. 적당한 긴장감은 집중력을 높인다. 발등에 시험이라는 불이 떨어지면 고도의 집중력을 발휘한다. 달리기할 때도 동네에서 편하게 달리는 것보다 마라톤 대회에서 긴장감을 갖고 달리는 것이 기록도 좋다. 평가가 아니더라도 측정을 하게 되면 긴장감이 든다. 그리고 시험을 볼 때도 '몇 분 남았다'라는 표현보다 '종료 몇 분 전'이라는 표현이 더욱 긴장하게 한다. 아이들에게 이런 긴장감을 적절히 적용하는 것이 좋겠다. 그러나 책 읽는 아이를 직접 쳐다보고 있는 것은 아이의 긴장감을 유발하는 것이 아니라 부담을 느끼게 하는 것이다. 지나친 긴장은 집중력을 헤칠 수 있다. 옆에서 있어 주는 것만으로도 충분한 긴장감을 조성할 수 있으니 지나침은 언제나 금물이다.

부모들 대부분이 아이가 집중하는 데만 관심을 두는 듯하다. 쉬는 시간을 잘 보내야 다음 수업 시간에 집중할 수 있는 법이다. 학교에서의 쉬는 시간은 마냥 노는 것이 아니라, 잠깐의 휴식을 취하고 다음 수업을 준비하는 시간이다. 그런데 문제는 집 안의 환경이다. 요즘은 잠깐 숙제를 마치고 쉬는 시간에 TV나 스마트폰을 보는 아이가 많은데, 사실 이는 쉬는 게 아니다. 스마트폰의 전자파와 빛은 쉴새 없이 아이의 눈과 뇌를 자극한다. 쉴 때는 TV나 스마트폰도 통제의 대상이며, 특히 주의력이 부족한 아이라면 TV나 스마트폰을 보며 밥을 먹게 해서는 안 된다. 아이들은 정해진 시간에 정해진 활동에 집중할 수 있어야 하며, 멀티 행동은 주의력과 집중력이 도움이 되지 않는다는 사실을 기억하자.

가장 중요한 것은 학교 마치고 돌아와서 학원에 갈 때까지의 시간에 알차게 쉬는 것이다. 짧게는 1시간, 길게는 4~5시간의 시간이다. 이 시간에는 밖에서 놀거나, 가벼운 책을 읽어 환기를 돕고, 짧은 과제를 처리하게 하자. 다음은 집중력을 발휘해야 하는 놀이다.

암호 만들고 해독하기

코딩과도 직결되는 놀이다. 컴퓨터는 문자마다 코드가 정해져 있다. 블록 코딩처럼 블록과 한글로 프로그램을 만들 수 있지만, 진짜 모습은 숫자로 변화되어 컴퓨터가 작동한다. '아스키코드, 유니코드'라고 불리는 것들인데, 놀이하면서 상세히 다룰 필요는 없고, 나중에 정식으로 코딩을 배우기 위한 이해라고 생각하면 되겠다. 암호 만들고 해독하기 놀이는 한글을 초성, 중성, 종성으로 구분하여 순서대로 번호를 붙여 정리한 표로 메시지를 만들고 해독하는 놀이다. 예를 들어 아래 표를 보면, 학교는 '170001 001200'이다. 이름으로 시작하여 단어, 길지 않은 문장으로 수준을 높여가자. 시간을 정하고 얼마나 빨리 해독하는지를 따지면 집중력에 많은 도움이 된다.

구분	00	01	02	03	04	05	06	07	08	09	10	11	12	13	14	15	16	17	18	19	20	21	22	23	24	25	26	27
초성	ㄱ	ㄲ	ㄴ	ㄷ	ㄹ	ㅁ	ㅂ	ㅃ	ㅅ	ㅆ	ㅐ	ㅈ	ㅉ	ㅊ	ㅋ	ㅌ	ㅍ	ㅎ										
중성	ㅏ	ㅐ	ㅑ	ㅒ	ㅓ	ㅔ	ㅕ	ㅖ	ㅗ	ㅘ	ㅙ	ㅚ	ㅛ	ㅜ	ㅝ	ㅞ	ㅟ	ㅠ	ㅡ	ㅢ	ㅣ							
종성		ㄱ	ㄲ	ㄳ	ㄴ	ㄵ	ㄶ	ㄷ	ㄹ	ㄺ	ㄻ	ㄼ	ㄽ	ㄾ	ㄿ	ㅀ	ㅁ	ㅂ	ㅄ	ㅅ	ㅆ	ㅐ	ㅈ	ㅊ	ㅋ	ㅌ	ㅍ	ㅎ

책 속 단어 찾기

페이지당 텍스트가 많은 책을 준비하고, 아빠가 말하는 단어를 찾게 한다. 핵심 키워드 찾기에 좋은 훈련이 된다. 시간을 정해서 많은 단어를 찾게 하거나, 제시한 단어를 찾는 시간을 측정하는 방법으로도 놀 수 있다. 책과 친해지게 하는 방법으로 사용할 수 있는 놀이이기도 하다.

눈 감고 시간 맞히기

잠시도 쉬지 못하는 아이를 위해 고안해낸 놀이이다. 눈을 감고 있다가 정해진 시간에 눈을 뜨는 놀이인데, 10초에서 1분까지 도전해 눈의 피로도 풀고, 집중력도 높인다. 1분 도전할 때 30초를 못 참고 눈을 떠 버리는 아이라면 꾸준히 도전해보는 것을 추천한다. 명상의 시간이기도 하다.

2단계

스스로 결말을 찾는 인내력 갖기

"인내력이란 괴로움이나 어려움을 참고 견디는 힘"

— 국립국어원 표준국어대사전

인내력은 노력과 가장 잘 어울리는 힘이다. 괴로움이나 어려움을 참고 견디는 힘이자, 위기를 만났을 때 극복하는 힘이 인내력일 것이다. 그리고 인내력은 누구도 대신할 수 없는 '스스로 감당해야 하는 능력'이기도 하다. 위기를 극복하면서 인내력의 수준은 높아지고, 그만큼 성장한다.

아이를 키울 때 부모는 인내력을 시험당하고는 한다. 아이의 부족한 점을 발견하고는 격해지는 마음을 애써 참아야 하기도 하고, 때로는 상처받고 화가 난다. 게다가 부모가 인내한 만큼 아이가 성장하는 것도 아니다. 아이는 그저 자신에게 닥친 어려움을 스스로 이겨내는 만큼만 성장한다. 부모가 참지 못하고 자주 닦달하면 아이는 부모의 닦달을 인내하는 정도만 성장한다. 이런 아이는 의존적이며, 인내력을 성취를 위한 힘이 아니라 순간을 버티는 힘으로 생각하게 된다. 또한, 부모의 통제가 더는 무섭지 않게 되면 부모의 말을 듣지 않는다. 부모의 말을 다 이해할 수 없고, 필요성을 몸소 느끼지 못해서다. 결국, 부모가 할일은 아이가 스스로 할 수 있도록 돕고 지켜봐주는 것이다. 부모의 인내는 화를 참는 게 아니라 지켜보는 것이어야 한다.

우리 아이가 인내를 배웠던 순간은 언제였을까 생각해보았다. 아이가 약을 먹을 때가 생각난다. 아이는 쓴 약 먹기를 온몸으로 거부했다. 몸을 억지로 구속해가며 먹였지만 토해 버렸다. 아이도 부모도 힘든 순간이다. 결국에는 아빠가 무서워서 억지로 먹었다. 자전거를 처음 타던 순간도 떠오른다. 흔들리고 넘어지면서도 포기하지 않고 끝내 공원 한 바퀴를 돌았다. 균형을 잡지 못해 넘어지면서 힘들었을 텐데 불평 없이 스스로 해냈다. 이를 구분하면, 약을 먹은 건 부모의 인내력 덕분이고, 아이가 자전거를 탄 것은 아이의 인내력이다. 아이의 관점에서 보면 수동적이냐 자의적이었느냐의 차이이다. 약을 먹는 건 필요성은 알아도 자전거를 탈 때처럼 스스로 참고 견디고자 하는 마음이 없었다. 그 시간은 괴로울 수밖에 없다. 즉, 인내심을 발휘하는 모든 순간은 마음먹기에 따라 즐거운 시간이 될 수 있다. 인내력에 따르는 견디는 고통보다는 성취라는 긍정적인 측면을 인지할 필요가 있다.

목표가 있으면 힘든 시간도 이겨낼 수 있다. 아이가 피아노학원을 그만두고 싶다고 한 적이 있다. 그렇게 신나 하고 즐기던 아이였는데 단계가 높아지며 재미가 없어졌나 보다. 그러나 지금은 그만두자고 하면 싫다고 한다. 선생님의 코치 덕분에, 아이가 어려운 단계를 잘 극복하고 자신감이 붙은 듯싶다. 진급할수록 겪는 어려움과 다르지 않을 것이다. 수업이 어려워지더라도 아이는 학교를 그만둘 수 없다는 걸 잘 안다. 모든 순간이 즐거울 수는 없지만, 구체적인 목표와 긍정적인 인내력이 갖춰진다면 잘 이겨낼 것이다. 나는 '달리는 말에 채찍질한다'라는 속담에 동의하지 않는다. 특히 이 속담을 학업에 적용하는 데는 분노를 느낀다. 아이는 채찍질하듯 다그쳐야 하는 존재가 아닌데, 조금만 잘하면 이때다 싶어 다그치는 부모가 있다. 가혹하다. 채찍질은 인내력을 길러주지도 않고, 인내의 순간도 될 수 없다. 달리는 자체가 인내의 과정이다. 마주가 잘 달린 말이 쉴 때 여물을 주고 보듬어주는 것처럼 부모는 그간 수고한 아이를 안아주고 격려해주어야 한다.

세상을 살다보면 위기의 순간은 쉼없이 찾아오고, 엎친 데 덮치면서 찾아오기도 한다. 그리고 우리는 이러한 순간을 늘 부족한 상태로 맞이한다. 완벽히 준비된 상태로 맞이한다고 해서 쉽게 극복하는 것도 아니다. 그러므로 위기의 순간마다 인내한다며 이를 악물 필요는 없다. 크게 보면 하나의 과정이다. 실수할 수도, 실패할 수도 있다. 문제는 그 속에 빠져서 아무것도 안 하는 것이다. 인내하는 힘은 목표를 정하고 버틸 때 제대로 발휘된다. 다음은 인내력을 기르기 위한 활동이다.

등산하기

등산은 인내력을 훈련하기에 가장 좋은 활동이다. 정상에 오르는 길은 쉽지 않다. 특히 아이에게는 멀고 먼 길이다. 처음 등산할 때는 짜증내고 보채기도 할 것이다. 그러나 정상이라는 목표가 있으면 해낼 수 있다. 오르락내리락 반복되는 길을 걷다 보면 반드시 정상에 다다를 수 있다. 그리고 정상에 올랐을 때 바라보는 세상은 어른이나 아이나 기분을 좋게 한다. 성취감은 이루 말할 수가 없다.

장애 체험

눈을 감고 걷거나, 한 손을 사용하지 못 하게 하고 하루를 보내보자. 하루가 길다면 밥 먹는 시간만 활용해도 좋다. 불편함에서 오는 감정은 다양하다. 지금의 일상을 누릴 수 있음에 감사하고, 사회적 약자를 배려하는 마음이 자란다. 이 역시 부모와 함께하는 것이 좋다. 어색하고 우스꽝스러운 순간에 즐거울 수 있지만, 조금은 진지하게 접근하는 것이 좋겠다.

근력 운동

인내력은 강인한 체력에서 나온다. 건강하면 아이의 자신감 또한 상승한다. 힘이 들지 않으면 성장도 없다는 것을 인지하기엔 근력 운동만큼 정직한 과정도 없는 듯하다. 보디빌더처럼 단련하기에는 무리가 있지만 '팔굽혀펴기, 플랭크, 스쾃, 런지' 등 기초 체력을 위한 운동이면 도전해볼 만하다. 집에서 하기에도 부담이 없으니, 구체적인 목표를 정하고 가족 모두 도전해보자.

미디어 다이어트

무작정 디지털 기기를 사용하지 않는다는 것이 아니라 '스스로 디지털 기기와 떨어져 지내는 훈련'을 하는 과정을 말한다. 화장실에서 볼일을 보거나 샤워하는 동안은 스마트폰을 사용하지 않기, 대중교통을 이용하는 시간에는 책을 읽기 등 구체적으로 정해 도전해보자. 디지털 중독을 방지하고 집중력을 키울 수 있다. 언플러그드 활동을 계획하는 것도 좋다. 가족과 함께 블록이나 보드게임을 하거나 주변을 살피며 놀거리를 만들자. 여유와 넓은 시야는 훗날 위기 극복을 위한 열쇠가 될 것이며, 우리가 누리는 모든 것이 대자연에서 영감을 얻어 비롯되었다는 것을 알게 할 것이다.

2단계

시작했으면 끝까지 해보는 지구력

"지구력이란 오랫동안 버티며 견디는 힘"

— 국립국어원 표준국어대사전

인내력이 단기간 견디는 힘이라면, 지구력은 장기간 견디는 힘이다. 인내력이 순간을 버티는 힘이라면, 지구력은 끝을 보는 힘이다. 지구력은 아이에게도 필요한 힘이다. 중간고사가 끝나면 기말고사가 있고, 1학년을 마치면 2학년을 맞이한다. 학교를 졸업하고 사회에 나가기 전까지 말 그대로 끝날 때까지 끝난 게 아니다. 어떻게 보면 학교에 다니는 것 자체가 지구력을 기르는 일이다.

또한, 지구력은 반복에 지치지 않는 힘을 의미한다. 해가 뜨고 지는 것처럼 아이도 학교에 가고 집으로 돌아오기를 여러 해 반복해야 한다. 반복의 과정은 당연히 지루하고 재미가 없다. 때로는 학교에 가기 싫기도 하고, 방학은 영원했으면 좋겠다. 그러나 수동적인 태도는 반복하는 과정을 그저 버티게만 한다. 아이는 반복의 과정에서 숨어 있는 즐거움을 느끼고, 가치를 발견할 수 있어야 한다. 즉, 반복의 과정을 즐기는 일이 지구력을 기르는 열쇠가 된다. 구체적으로 아이는 학교에서 공부의 재미를 알고, 친구들과 어울리는 것을 배워야 한다. 아이들에게는 친구들과 어울리면서 주목받고 인정받고 싶어 하는 마음이 있다. 사회적인 정체성을 갖는데 인정의 욕구만큼 사람을 움직이는 것은 없을 것이다. 욕심이라고도 부르는 본능은 어느 보상보다 강력한 힘이 있다. 성적이 좋은 아이는 선생님께 인정받기에 아이들의 주목을 받는다. 예체능에 뛰어난 아이들도 마찬가지다. 그렇지 않은 아이들은 좋은 학용품과 옷 등으로 자신을 뽐내기도 한다. 선생님과 아이들에게 인정받기에 더더욱 열심히 하게 된다. 그런데 진급할수록 성적에만 치중하다 보니 학교생활이 지루하고 재미없어지는 것이 아닌가 싶다. 고학년이 될수록 학교생활에서 많은 재미를 발견하고, 나를 알아가는 즐거움이 있어야 하는데 공부에만 치중하니 학교가 지루해지는 것이다. 공부도 중요하지만, 자신의 재능을 발견하고 더 넓은 시야를 가질 수 있도록 하자.

미국의 초기 보험왕 앤드류 달비는 원래 애리조나의 툼스톤에서 금광을 찾던 사람이었다. 달비는 몇 년간의 철저한 조사로 엄청난 양의 황금이 묻혀 있을 것으로 예상되는 곳을 발견한다. 그러나 재정난과 여러 문제로 달비는 장비를 모두 고철상에 팔고 떠나버리고, 장비를 산 고철상은 금광까지 인수해 채굴을 시작하고 곧 엄청난 황금을 발견한다. 그곳은 달비가 채굴을 포기한 지점에서 약 1m 정도밖에 떨어지지 않은 곳이었다. 그러나 달비는 후회한다고 달라질 것이 없다는 걸 알고, 그 힘으로 보험 영업에 뛰어들어 성공한다. 이 이야기에서 주목할 점은 달비가 황금을 발견하지 못한 게 아니라, 그만큼의 노력을 보험 영업에 쏟아 결국 성공했다는 것이다.

지구력이 좋은 사람은 작지만 중요한 일을 꾸준히 한다. 결국 수많은 반복을 통해 목표와 꿈을 이룬다. 지구력은 보이든 보이지 않든 인생의 금맥을 찾는 일이다. 다음은 가정에서 아이와 함께 지구력을 키울 수 있는 활동이다.

식물 키우기

식물은 하루아침에 자라지 않는다. 매일 물을 주고, 바람을 쐬어주고 햇볕을 쬐어주어야 자란다. 씨앗을 심고 매일매일을 기록하자. 며칠 사이 새싹이 돋아나는 모습을 보며 생명력을 느끼고, 무럭무럭 자라 열매를 맺는 모습까지 관찰한다면, 결과를 위해 시간을 들여야 한다는 걸 알 수 있을 것이다. 또한, 식물을 가꾸는 것은 정서에도 도움이 된다. 물 주기 등은 잊을 수 있으니 체크리스트나 관찰일지를 만들어 기록하면 좋겠다.

자격증 준비

초등학교 고학년에 들어서면 자격증을 준비해보는 것도 좋다. 가정에서 부모와 함께 준비해도 좋고, 방과 후 수업 중 자격증 취득반에 들어가 준비해도 좋다. 자격증은 벼락치기로 딸 수 없다. 꾸준히 공부해서 성취감을 느낄 수 있게 하자. 초등학생이 준비하기 좋은 자격증으로는 한자, 컴퓨터활용능력, 한국사 능력검정, 한국어 능력검정 등이 있다. 경쟁을 통한 스펙 쌓기가 아니라 성취를 위한 과정을 오롯이 느낄 수 있을 것이다. 자격증 준비는 삶에 필요한 기술을 갖추게 하며, 실패해도 좋은 경험이 된다.

마라톤 대회 참가

마라톤 대회 참가는 평소에 공원이나 운동장을 달리는 것과 다르다. 구체적인 목표와 목표를 이루기 위한 계획을 철저히 짜야 하기 때문이다. 물론, 아이가 42.195km의 풀코스를 달리는 건 아니니 부담 갖지 말자. 3km, 5km, 10km, 하프코스 등 단계별로 나뉘어 수준에 맞게 도전할 수 있다. 기록을 떠나 완주했을 때의 성취감은 어떤 보상보다도 값진 선물이다. 아이들은 완주 메달을 받는 것만으로도 성취감을 크게 느낀다.

책 필사

장기 프로젝트로 지구력을 기르기에 좋은 활동이다. 요즘에는 컴퓨터로 자판을 치며 필사하기도 하지만, 나는 손으로 필사하기를 권한다. 인문서를 고르자. 마음의 양식을 섭취하는 시간이다. 당장은 몰라도 살아가는 데에 훌륭한 지침서가 될 것이다. 또한, 필사는 맞춤법과 문해력 향상에 직결된다. 개인적으로는 어머니의 영향을 받아 솔로몬의 지혜가 담긴 〈잠언서〉를 매일 한 장씩 필사하고 있다. 다음에는 아이와 함께 좋은 명언집을 선정해 필사할 생각이다.

미라클 모닝

규칙적인 생활은 지구력 함양의 기본이다. 아침 시간을 하루를 위한 예열 시간으로 정하자. 운동을 하거나, 신문을 읽거나, 명언을 찾아 읽어보는 것도 좋다. 꾸준히 할 수 있는 취미생활을 찾아보자. 아침을 제대로 활용하면 하루를 더 알차고 여유 있게 보낼 수 있다. 아침에 일찍 일어나려면 일찍 자는 것이 필수다. 실제로 우리 아이들은 아침이 여유롭다. 느긋하게 식사하고 학교에 늦지 않게 간다. 이것만으로도 미라클 모닝의 힘을 느끼고 있다.

일기 쓰기

노트 한 장을 채우는 연습이다. 오늘 있었던 일, 떠오르는 생각, 순간의 감정 모든 것을 글로 표현해보자. 휘갈겨도 좋다. 일기를 쓰면 머릿속의 복잡한 생각이 간결하게 정리되는 경험을 할 수 있다. 쓸 것이 없으면 쓸 것을 찾아보자. 이것만으로도 두뇌가 자극된다. 그리고 일기는 나의 기록이고, 나의 역사다. 귀찮아도 도전할 만한 가치가 있다. 두껍지 않은 일기장으로 시작하자. 우리 아이들의 경우에는 노트에 일과를 계획하고 체크하는 습관이 들었다. 시간 감각이 많이 자란 것 같다. 일기를 쓰는 시간은 꼭 저녁이나 잠들기 전일 필요는 없다. 자유롭게 노트 한 장을 채우며 하루를 계획하고 정리하자.

2단계

다양한 책 읽기로 비교 분석하라

"비교란 둘 이상의 사물을 견주어 서로 간의 유사점, 차이점, 일반 법칙 따위를 고찰하는 일"

"분석이란 얽혀 있거나 복잡한 것을 풀어서 개별적인 요소나 성질로 나누는 일"

— 국립국어원 표준국어대사전

눈으로 읽기와 소리 내어 읽기에는 큰 차이가 있다. '눈으로 읽기'는 글자라는 기호가 눈을 통해 바로 뇌로 전달되는 두 단계의 과정을 거친다면, '소리 내어 읽기'는 눈으로 보고 입으로 말하면서 뇌로 전달되는 세 단계의 과정을 거친다. 그리고 소리 내어 읽으면 눈, 입,

뇌가 함께 작동하므로 눈으로 읽을 때보다 조금 더 고차원적이고 입체적으로 내용을 파악하게 된다. 기억력을 높이기 위해 손을 쓰거나 말하면서 공부하기를 추천하는 이유다.

비교 분석이 필요한 이유는 틀림이 아니라 다름을 받아들이기 위해서다. 이는 평면적인 이해에서 벗어나 실체에 접근하게 한다. 예를 들어, 산을 바라볼 때는 여러 방향에서 바라봐야 산의 형상을 짐작할 수 있다. 내가 본 산의 모습이 옳고 다른 사람이 본 산의 모습이 틀린 게 아니라, 둘을 잘 조합해야 진정한 산의 모습을 알 수 있다. 이것이 바로 '비교 분석'이다. 이전에는 책을 읽어주었다면 이제는 문해력을 높이는 책 읽기에 다가서야 한다. 글을 익히고 책과 친해지는 단계에서 이제는 '스스로 책을 읽으며 문해력 향상을 유도하는 과정'으로 나아가야 한다. 한 권의 책을 깊이 있게 이해하기 위해, 다양한 방법으로 읽으며 입체적으로 접근할 수 있기 위해서다.

책 읽기가 이제 시작인 아이들은 아빠가 먼저 읽고 아이가 따라서 읽게 하면서 시작하는 것을 추천한다. 아이가 잘 못 읽는 것을 두려워하거나 부끄러워할 수 있기 때문이다. 혼자서 읽는 것을 좀처럼 시도하지 못하는 아이라면 같이 읽는 것도 좋은 방법이다.

실감나게 읽기

글의 분위기와 주인공의 감정을 느끼며 읽으면 실감나게 읽을 수 있다. 특히 대화체가 많은 책이라면 등장인물마다 목소리를 달리해 가며 읽어주고, 함께 읽는다면 역할을 나눠서 몸짓을 추가하며 읽자. 몰입도가 생긴다. 아이가 혹시 연기에 재능이 있을지 아무도 모르는 일이다. 그리고 발음을 점검하자. 녹음해 들어보면 도움이 된다.

뒤에서부터 읽기

최소한 두 번 이상 읽은 책에 한해 목차를 기준으로 뒤에서부터 읽는 방법이다. 읽어보지 않은 책을 뒤에서부터 읽는 것은 내용 이해에 전혀 도움이 되지 않으므로 권하지 않는다. 내용을 완벽히 알고 있는 책을 뒤에서부터 읽으면 이야기의 짜임과 원리를 파악하는 데에 도움이 되며, 또 다른 연결과 논리를 접목할 수 있다. 예를 들어, 아이용 지식 책은 부록을 통해 이야기의 주제와 소재에 대한 설명이 자세히 수록되어 있다. 부록부터 읽고 내용을 읽으면 조금 더 내용 이해가 수월하다. 이야기책도 다르지 않다. 결말이 주는 교훈을 알고 본문을 읽으면 이야기의 전개를 새롭게 이해할 수 있다. 실제로 새로운 방법으로 읽어본다는 점만으로도 아이가 집중하는 모습을 보였다.

토론하기

다름을 이해하는 데 가장 효과적인 방법이다. 독서토론회 등을 활용해 타인과 토론해보는 것이 좋지만, 그렇지 못한 상황이라면 집에서 부모와 함께해도 좋다. 책을 읽고 어떤 글귀가 가장 인상 깊었는지, 내 생활에 적용할 수 있는 점은 무엇인지 등을 이야기 나누자. 그리고 토론에서 중요한 것은 말하기가 아니라 경청이다. 경청은 정해진 시간 내에 취해야 할 정보를 빠르게 얻게 하고, 공감과 소통을 가능하게 한다. 사실 듣는 게 소통의 시작이다. 이런 훈련이 가정에서 잘 되었다면, 같은 책을 읽은 친구를 찾아 생각을 나누게 한다. 인터넷을 책 리뷰를 검색해보는 것도 방법이다. 사고력 확장은 물론이고, 다른 사람의 시각을 볼 수 있는 시간이 될 것이다.

실물 찾기

과학 분야 책을 읽었을 때 가장 활용하기 좋은 활동이다. 책에서 본 내용과 실제 사물을 비교해보자. 동식물이라면 글에서 표현한 것과 실제 생김새를 비교하고, 책 속에 나온 실험을 직접 해보는 것이다. 책의 내용을 직접 확인하고 오감을 통해 느껴봐야 내 것이 되는 법이다. 문학작품에도 적용할 수 있다. 최근에 김리라 작가의 〈달이와 피터의 덩실덩실 안동 여행〉이라는 책을 읽고, 안동으로 가족 여행을 다녀왔는데, 책에 나온 장소를 포함해 천 원짜리 지폐 속의 도산서원에 다녀와 아이들이 좋아했다.

다른 장소에서 읽기

책은 언제 어디에서나 읽을 수 있는 친구 같은 존재다. 주로 집이나 도서관, 학교에서 읽어왔다면 공원이나 카페, 대중교통을 이용할 때도 읽어보자. 사람마다 유난히 책이 잘 읽히고 집중이 잘 되는 장소가 있다. 무음의 공간보다 백색소음이 가득한 곳에서 잘 읽는 사람도 있고, 또 책마다 어울리는 공간도 다르다. 책을 읽는 분위기를 맞추는 것도 책을 입체적으로 읽게 한다.

메모하는 습관은 관찰력을 키운다

2단계

"관찰력이란 사물이나 현상을 주의하여 자세히 살펴보는 능력"

— 국립국어원 표준국어대사전

성공한 사람 중에는 독서를 꾸준히 함과 동시에 메모를 생활화한 사람도 적지 않다. 그들은 늘 노트와 펜을 들고 다니며 순간적인 영감과 아이디어를 기록하고 보관했다. 연구원, 작곡가, 화가 모두 그러했다. 그리고 어떤 이는 확언하며 메모한다. 굳이 메모할 것이 없어도 손가락으로 써 가며 기억을 상기한다. 메모를 집중을 돕는 수단으로 활용한 것이다.

천재들도 메모를 습관화했다. 인간은 모두 망각의 동물이기에 그렇다. 그러나 천재들은 보관한 기록을 꺼내어 새로운 가치를 창조하는 게 일반인과 다르다. 찰나의 영감과 아이디어는 노력하는 자에게만 찾아오며, 노력하는 자는 이 순간을 놓치지 않기 위해 메모한다. 메모할 것이 없는가? 궁금하거나 관심 있거나, 마음에 들거나, 인상 깊은 것 모두 메모할 거리다. 좋은 말, 예쁜 말, 난데없이 튀어 오르는 생각도 메모할 거리다. 훗날 소중한 자산이 되고 콘텐츠가 될 수 있다. 또한, 메모는 정보를 전달하는 수단이기도 하다. 마음을 담은 쪽지, 길을 찾기 위한 지도, 연락처 모두 정보제공의 수단이다. 그리고 메모가 습관이 되면 시간을 절약하고 핵심만 추릴 수 있는 능력을 기를 수 있다.

아이들에게도 메모는 다양하게 활용된다. 정서적인 측면을 보자. 늘 걷던 길인데 어제와 달리 보이는 순간이 있다. 매일 지나다니는 길인데 어색한 순간이다. 새롭게 인지한 것들을 자유롭게 적어보게 하자. 간판, 나무와 그 위 하늘을 보게 하고 떠오르는 것들이 종이에 채워질 것이다. 아이디어는 그렇게 나온다. 관찰력이 좋아지는 건 당연하다. 관찰력은 본질을 파악하는 데에 무척 중요한 능력이다. 분위기 파악이나 공간에 대한 이해에 직접적인 영향을 주며, 위험한 상황을 인지하거나, 유익한 것인지 아닌지를 구분할 수 있게 한다. 뛰어난 관찰력을 지녔다는 것은 작은 것 하나 놓치지 않는 섬세함과 전후의 일까지도 유추할 수 있는 능력을 지녔다는 것이다. 보이지 않는 것들까지 관찰하면서 논리적인 사고를 가능하게 만드는 게 메모다.

아이의 메모를 보면 무엇에 관심이 있는지 훤히 보일 때가 있다. 예를 들어, 공항에 갔다고 하면 어떤 아이는 공항의 건물에 관심을 두고, 어떤 아이는 비행기에 관심을 둔다. 여행을 앞둔 설렘을 기록하는 아이도 있다. 아이의 관심사는 곧 재능으로 연결되니, 단순히 정리된 메모보다는 무엇을 메모했는지를 살피는 게 좋겠다.

메모에도 컴퓨팅 사고력이 적용된다. 쌓인 메모는 분해된 하나의 조각이라고 볼 수 있다. 이것을 다시 특성별로 분류하고, 순서대로 정리하여 연결하면 하나의 정보가 된다. 여기서 중요한 건 '연결'이다. 조각을 합치기도 하고 다른 조각과 연결해보기도 하면 기록의 차원을 넘어 창의적인 사고가 가능하기 때문이다. 예를 들어, 훈민정음이라는 낱자를 다른 방법으로 조합해보자. 훈민정음의 본뜻은 '백성을 가르치는 바른 소리'이다. 그러나 위치를 바꿔 '민음훈정'으로 조합하면 백성의 소리를 새김이 마땅하다는 뜻이, '음정민훈'으로 조합하면 소리가 바르니 백성이 따른다는 뜻으로 해석된다. 세종이 생각한 핵심은 백성이고, 백성과 소통하기 위해 만든 문자가 한글이니 모두 바른 뜻이다. 이렇게 각자 받아들이는 기준과 핵심은 다를 수 있고, 메모는 다양한 가치를 찾는 시작이 된다. 다음은 메모를 통해 사고력을 증진할 수 있는 활동들이다.

미션 해결하기

메모 습관을 들이기 위해서는 과외활동이 많아야 한다. 학교에서는 교과서나 교육자료를 나눠주기 때문에 사실 메모가 불필요할 때가 많다. 노트에 메모하는 것도 온전히 아이의 지식이나 아이디어가 아닐 확률이 높다. 과외활동을 통해 수동적인 메모보다는 직접 기록하며 정리할 수 있는 메모를 권장하자. 핵심을 찾고 써 가며 기억하는 과정도 익힐 수 있다. 박물관이나 과학관 등 익숙하지 않은 곳에 방문해 흥미를 느낀 것들을 메모하자. 미션을 주어 몰입하게 하는 것도 방법이다. 조선 후기의 발명품을 찾아 적어보게 하거나, 동물의 턱뼈를 관찰하고 먹잇감을 유추해 적어보게 하는 것도 좋은 미션이다.

장보기 수첩

살 물건을 꼼꼼히 메모해 마트에 가면 현명한 소비를 할 수 있다. 잊어버리고 못 사는 물건이 없도록 하고, 불필요한 것은 사지 않게 하기 때문이다. 장 볼 물건 적는 일은 아이에게 맡겨도 된다. 그리고 정말로 필요해서 사는 물건인지 다시 확인하도록 한다. 마트는 사실 우리의 시선을 사로잡는 것들이 너무나 많다. 그곳에서 살 물건을 정확히 사기 위해서는 메모가 필요하다.

스마트폰의 사진, 영상, 녹음 기능 사용하기

스마트폰 기능을 필요한 순간에 적절히 활용할 줄 알아야 한다. 사진, 동영상, 녹음 기능은 훌륭한 메모 수단이다. 단, 아이들에게 사용법을 가르칠 때는 에티켓을 함께 알려주어야 한다. 타인의 얼굴이나 몸은 나오지 않게 해야 하고, 박물관이나 전시관에서도 허용된 공간에서만 사용하게 하자. 범죄 행위가 될 수 있는 부분도 있기에 충분한 사전 교육 후에 활용하도록 해야 한다.

강연과 강의 메모하기

아이에게도 맥락이 있는 정보를 장시간 듣는 경험이 필요하다. 강연이나 강의에 참여한다면 메모하며 듣게 하자. 따로 준비된 강의 자료나 교과서는 미리 훑어보고, 강연을 들을 때는 메모만 하는 것이다. 요즘에는 좋은 온라인 강의도 많다. 활용하면 좋을 것이다. 메모하며 강연을 들으면, 눈과 귀로만 듣던 강연에 집중력을 발휘할 수 있다. 그리고 메모를 친구들과 비교하게 하자. 놓친 정보를 확인하거나, 다른 관심사 등을 확인할 수 있다.

3단계

나만의 독서 노트로 분별력 기르기

"분별력이란 서로 다른 일이나 사물을 구별하여 가르는 능력"

— 국립국어원 표준국어대사전

아이는 살아가면서 모든 걸 수용받지 못한다는 걸 알게 된다. 다 가질 수도 없고, 다 할 수 없다. 그러면서 아이는 분별력을 통해 세상을 배우기 시작한다. 위험한지 안전한지, 필요한지 불필요한지, 맛이 있는지 없는지 등 모든 순간 자신에게 더 가치 있는 것을 선택하는 것이다. 그 과정에서 아이는 나에 대해 알아가고, 나름의 지식과 경험을 쌓아가며 정체성을 더욱 공고히 한다. 반면, 분별력을 기르지 못한 아이는 이분법적 사고를 하게 된다. 성장하는 아이들에게 필요한 건 '옳다 그르다'의 구분이 아닌 '다양하다'의 시각이다. 부모의 말만 옳다고 하며 다른 선택을 부정하면 자칫 아이에게 편협한 시각만을 갖게 할 수 있다. 다시 말해, 유연하게 세상의 다양함을 인정하고 배워야 하는데, 둘로 구분해 버리는 경직된 사고력을 갖게 하는 것이다. 나아가 한계를 정해 버리는 부모도 있다. 아이가 꽃을 꺾고 강아지풀을 뜯는 건 무조건 못하게 해야 하는 일일까? 생명을 소중히 여기는 마음을 가르치기 위함이겠지만, 아이들은 꽃을 꺾고 강아지풀을 뜯어 만지고 냄새 맡으며 생태 감수성을 키운다. 꽃을 꺾지 말라고 해야 할 때는 이유를 충분히 설명해주어야 한다.

인간은 이면을 볼 수 있어야 하지만, 이면을 보는 것을 부정당하기도 한다. 그러나 분명한 것은 다양한 경험 없이는 분별력을 기를 수 없다는 사실이다. 이분법적으로 생각하기에는 세상이 복잡하고 다양하다. 그래서 입체적인 사고를 요구하고, 경계를 넘나드는 새로운 가치를 만들어내길 요구한다. 또한, 수용의 수준이 높아지고 정보량이 방대해졌다. 분별력이 중요한 이유다.

독서 노트는 아이들이 분별력을 키우기에 좋은 도구다. 학교와 학원에서 제공되는 독서 노트 외에 주제별, 종류별, 어순별, 읽은 날짜별 독서 노트를 만들게 하자. 읽은 책을 분류하며 내가 좋아하는 작가, 내가 좋아하는 주제, 내가 좋아하는 분야에 대해 알 수 있을 것이다. 어떤 부분이 부족한지도 점검할 수 있다. 또한, 정서적인 분별력은 자신을 향한 비판의 목소리를 수용할 줄 알아야 자란다. 자기 뜻에 맞지 않으면 금방 속상하고 울어 버리는 아이들이 적지 않다. 쓴소리도 들을 줄 알아야 자기 모습도 발견할 수 있는 법이다. 엄마의 잔소리를 잘 들어보고 나의 모습을 떠올려보자. 틀린 말씀이 없다. 전부를 수용하지 말고 엄마의 마음과 자기 모습을 발견할 수 있는 분별력이 필요하다. 하지만 아이들이 쓴소리를 받아들이고 분별할 수 있는 능력을 갖추기까지는 결코 쉽지 않다. 사실 어른도 자신에 대한 비판을 수용하기가 힘든데, 아이들은 어떠할까. 그래서 부모와의 대화가 중요하다. 일방적인 훈계는 아이의 분별력을 길러줄 수 없다. 이성적인 대응으로 아이를 존중해주자.

염려되는 것은 친구들과의 소통에서 겪는 비판의 목소리다. 특히 SNS를 통해 접하는 무분별한 표현, 날 선 비난과 조롱은 아이에게 상처를 주고 자존감을 무너뜨릴 수 있다. 그러나 평소 부모와의 대화로 기본적인 자존감이 높다면 흔들리지 않을 것이다. 아이들의 호기심도 적절히 통제할 필요가 있다. 아이들은 어른들의 특권이 부럽고 궁금하다. 그러나 성인이 되어 허락되는 것들 역시 사회적인 약속이다. 절제력이 길러진 후에 행할 수 있는 것들임을 분명히 알려주자. 예를 들어, 성관계는 몸과 마음이 성숙하고 책임감이 있는 성인이 된 후에 할 수 있는 것이다. 점차 성관계를 맺는 연령이 낮아지는 추세이므로 성교육은 빨리 시작하는 게 좋다. 성에 대한 무분별한 정보가 자칫 아이에게 그릇된 성 인식을 심어줄 수 있기 때문이다. 이렇게 분별력은 정보와 이해관계를 파악해야 하므로 사회생활에 반드시 필요한 능력이자, 사회의 규칙과 질서를 알아야 함양되는 능력이다. 아이의 자존감을 지켜주는 소통으로 아이의 분별력을 기르자.

3단계

신문 기사로 판단력 기르기

"판단력이란 사물을 인식하여 논리나 기준 등에 따라 판정할 수 있는 능력"

— 국립국어원 표준국어대사전

NEWS는 NEW의 복수형이다. 새로운 것들 정도로 해석하면 좋을 것이다. 그런데 나는 대학을 졸업할 때까지 동서남북의 첫 글자를 따서 만든 단어인 줄 알았다. 사방에서 오는 소식을 전하는 것으로 말이다. 그래도 내가 이해했던 의미도 다양한 소식을 전하는 세상의 소식을 뜻하니 만족한다. 아무튼, 신문은 세상의 모든 소식과 시각을 전달한다는 점에서 사회적 언어를 배우는데 가장 효과적인 도구일 것이다.

신문 읽기는 그 내용을 다 이해하지 못한다고 해도 읽는 것 자체로 문해력을 키워준다. 일단 신문을 펼치면 어려운 말 천지다. 어려운 단어를 찾아가며 읽어보자. 아마 단어를 이해하려면 해당 분야에 대한 단편적인 지식이 필요할 것이다. 또한, 아이들은 어른들의 세상을 간접적으로 체험하며 지적 호기심을 형성한다. 하고 싶고, 되고 싶은 것들이 생긴다. 기사를 읽으며 생기는 지적 호기심을 자연스럽게 채워나가게 될 것이다. 텍스트에 대한 부담감이 줄고, 글을 이해하는 수준과 어휘력이 강화하는 건 당연하다. 그러나 종이신문을 찾아보기 힘든 요즘이다. 요즘은 대부분 스마트폰과 TV 뉴스로 기사를 접한다. 시대의 흐름이라고는 하나 점차 짧아지는 텍스트, 시선을 빼앗는 사행성 광고, 자극적인 헤드라인 등이 안타깝기만 하다. 그래서 나는 인터넷 뉴스를 이용한다면 포털 사이트보다는 신문사 홈페이지 접속을 추천한다. 헤드라인에 시선을 빼앗기지 않으면서 사회 전반의 기사를 볼 수 있기 때문이다. 아이들에게는 스크랩 기능을 가르쳐주었다. 필요한 정보를 모으는 방법이다.

아이들과 신문 읽기를 할 때는 기사를 있는 그대로 받아들이기보다 다양한 관점에서 접근할 수 있도록 지도하자. 기사는 사실 전달이 목적이지만, 기자와 신문사의 가치관이 묻어 있기 마련이다. 이목을 끌기 위한 허위, 과장 기사도 있다. 입체적으로 기사를 읽지 못하면 왜곡된 현실을 마주할 수밖에 없다. 그렇다면 신문을 비판적으로 읽어야 하는 구체적인 이유는 무엇일까? 신문은 사전적으로 '정보를 전달하기 위해 정기적으로 발행되는 간행물로 일간, 월간, 주간으로 발행되기도 하고 상업지, 기관지, 전문지 등으로 구분하기도 하는 매체'다. 또한, 기사를 통해 정보를 전달하고 정보에 대한 여론을 만드는 언론 기관 중 하나로 정의되어 있다. 즉, 신문은 사실만 전달하는 게 아니라 문제를 찾고 공론화하여 여론을 조성하는 주관적인 성격도 있다. 그래서 기사를 있는 그대로 받아들이기보다, 자신의 생활과 가치관에 참고할 수 있는 수준으로 읽어야 하는 것이다. 또한, 신문은 투자, 정책, 기상 등 각 분야의 시시각각 변경되는 정보와 이에 관한 분석과 예측을 제공하기도 한다. 읽는 이는 이러한 정보를 통해 사회적 판단을 한다. '어디로 이사해야 할지, 어디에 투자할지, 무슨 공부를 해야 할지, 오늘 무슨 옷을 입을지' 등 아주 개인적인 사회적 판단까지 말이다. 그러나 신문을 비판적으로 읽지 못하면 오히려 판단력이 흐려질 수 있다. 사회적 이슈를 보여주는 '헤드라인'만 보는 사람이 그렇다. 기사의 내용을 제대로 읽지 않고 헤드라인만 보는 습관이 있는 사람은 성급한 사회적 판단을 내리며, 자신의 의견을 뒷받침할 근거를 내세우지 못한다. 제목만으로 공론이 만들어지는 시대다. 관심 있는 분야의 기사만 보는 습관, 기사를 꼼꼼히 읽지 않는 습관은 비판적 수용을 어렵게 만든다.

아이들에게는 '누가, 언제, 어디에서, 왜, 무엇을, 어떻게'라는 육하원칙에 입각한 신문 읽기가 필요하다. 육하원칙은 기사 쓰기의 기본이기도 하다. '왜 이 기사를 쓰고, 누가 읽을 것이며, 무엇을 근거로 기사가 작성되었는지'를 살피게 하자. 글의 구조를 탄탄하게 할 뿐 아니라, 정보의 원천을 가리며 기사가 사실인지 아닌지, 무엇을 의미하는지 해석하는 능력을 길러줄 것이다.

요즘에는 어린이 신문이나 어린이 잡지를 구독하는 가정도 많다. 아이의 눈높이에 맞게 편집된 기사로 쉽게 사회 현상을 받아들일 수 있다. 적극적인 아이라면 어린이 기자단에 지원하거나 투고하는 것도 방법이다.

사실 시간을 들여 신문을 읽어내는 일은 만만치 않다. 특히, 아이는 경험과 지식이 부족하기에 사회의 흐름을 이해하고 비판하기에는 무리가 따른다. 그러나 나는 비판적 수용에 대해 인식하는 것만으로도 신문 읽기를 성공적이라고 평가한다. 아울러 문해력과 컴퓨팅 사고력을 배우는 자체가 입체적인 사고력을 기르는 것이다. 그 사고력을 신문 읽기에 잘 적용하는 것에 의미를 두고 싶다.

3단계

나를 알리고 표현하는 힘

"표현력이란 생각이나 느낌 따위를 언어나 몸짓 따위의 형상으로 드러내어 나타내는 능력"

— 국립국어원 표준국어대사전

서울올림픽 하면 제일 먼저 떠오르는 장면이 무엇이냐고 물어보면 많은 사람이 텅 빈 운동장을 가로지르는 굴렁쇠 소년을 떠올릴 것이다. 평화를 상징하는 적막, 어른들이 만든 시끄러웠던 냉전의 종식을 어린이의 순수함으로 표현한 연출이었다. 당시 연출을 맡은 이어령 감독이 음악감독에게 소년이 지나갈 때 '소리 없는 소리'를 요구했다고 한다. 정적을 청각으로 표현하고 싶다는 역설. 소년이 등장할 때 나온 '삐-' 소리는 들리지만, 들리지 않은 소리였다. 그리고 그 단 1분의 소리는 지금도 올림픽 사상 인상 깊은 연출로 회자되고 있다.

표현의 정수는 역시 비유와 상징일 것이다. 글, 그림, 음악 모두 비유를 통한 강력한 메시지를 담고 있기에 사람들이 감화하는 것이지, 비유와 상징이 없는 예술은 행위에 불과하다. 예술은 미술, 음악, 무용 등 예체능적인 요소에만 국한되지 않는다. 정치, 경제, 사회, 교육 등 다양한 사회 분야에도 예술의 경지에 오른 것이 있다. 남다른 통찰력으로 공감을 끌어내는 지도자, 상대방을 감화시키는 교육자, 행동을 유발하게 하는 능력을 지닌 경영인 모두 성공이라는 이름으로 불리는 예술가들이다. 문해력이 추구하는 궁극의 목표가 아닐까 싶다.

성공한 이들의 표현은 절대 화려하지 않다. 짧고 명료하다. 이들은 겉모습보다는 내면이 풍요롭다. 그러나 화려한 겉모습을 쫓는 아이들이 많다. 눈으로 인지하기 때문이며, 시대적으로 보는 것에 익숙한 관성을 이겨내기 어렵기 때문이다. 아이들은 점점 책에서 멀어지고, 책을 읽더라도 깊이 생각하지 않는다. 내면을 가꾸기보다는 겉모습을 포장하기 바쁘다.

아이들은 주목받고 싶은 욕구가 있다. 당연한 본능이다. 그런데 일찍이 자신의 부족함을 인정하고 노력하기보다 숨기고 포장하는 법을 먼저 배우는 아이들이다. 눈으로 보는 게 익숙한 시대이다 보니 책을 읽더라도 제대로 내용도 이해하지 못한다. 더군다나 부캐릭터의 시대다. 게임할 때도, SNS를 할 때도 자신만의 닉네임으로 활동한다. 정체성을 찾을 시기에 부캐릭터에 몰입되는 건 바람직하지 않다. 인위적인 모습, 포장된 모습과 실제 자기 모습에 혼란스러울 수 있다. 현실과 가상 세계에 대한 명확한 인식이 없는 아이에게는 심각한 수준으로 발전하지 않을까 염려된다.

우리 아이가 친구들의 관심을 얻는 수단으로 활용한 것은 멋진 학용품과 게임이었다. 이전에는 운동 능력이 좋아서 체육 시간에 뛰어난 모습으로 친구들에게 인정받아 왔다. 하지만 3학년이 되고 시험을 치르게 되면서 선생님께 칭찬받는 경우가 줄어들고, 친구들의 관심 또한 멀어지는 것을 느낀 듯하다. 자신을 드러내고 표현하기 위한 생존의 과정일 수 있었으나, 이는 결국 게임 중독으로 이어지고 말았다.

나는 아이의 모든 것을 칭찬하지 않는다. 그냥 수학을 못 하면 못한다고 정확히 말해준다. 게임에 중독되었을 때도 '중독'이라고 명확히 말해주었다. 그런데 이야기를 들은 아이는 시무룩해 하지 않고, 고개를 끄덕이며 인정하는 모습이다. 부족한 부분에 대한 격려를 해주려던 내가 민망해진다. 나는 꽤 놀라서 자신을 알고 인정하는 용기에 칭찬해주었다. 내가 무조건 칭찬하지 않는 이유는 노파

심이겠지만, 객관적인 자신의 수준을 알지 못할까 봐서다. 집에서는 아무렇지 않던 게 밖에서는 놀림감이 될 수 있다. 이렇게 인정받지 못하는 부분에 대해 자존감이 낮아질 수 있으므로, 혼내기보다 정확하게 이야기해주고자 한다.

좋은 성적과 착한 행동만 칭찬하고, 그렇지 않은 행동은 혼내는 것도 달갑지는 않다. 부모의 선심을 이용하는 아이는 거짓말을 하게 된다. 그래서 나는 '바늘 도둑이 소도둑 된다'라는 속담의 진리를 생각하며 아이의 작은 거짓말도 허용하지 않는 편이다. 아무리 거짓말을 그럴듯하게 해도 아빠의 눈썰미가 보통이 아님을 알기에 아이들은 거짓말하지 않는다. 이렇게 아이들이 인정할 것은 인정하고 부족함을 채웠으면 하는 바람에서 최대한 있는 그대로의 모습을 정확하게 이야기해주고 있다. 그리고 여전히 서툴지만 노력하는 모습을 보여주기에 한없는 칭찬과 격려를 보내고 있는 요즘이다.

나를 알리고 표현하는 힘은 내면의 풍요로움에서 나오며, 자신의 가감 없는 모습을 보일 줄 알아야 한다. 부족함은 채우면 된다. 또한, 감정적인 표현에서 조절 능력을 배워가며 자기 의사를 전달할 수 있어야 한다. 아이들의 표현은 아직 정체성과 가치관이 형성되지 않았기에 비유나 상징이 들어가지 않는다. 시대의 통찰력도 있을 수가 없다. 결국, 아이들의 표현은 아는 만큼 나온다는 이야기다. 그리고 아이들은 따라 하며 배우기 마련이다. 부모의 정확한 표현으로 아이들의 표현을 유도해야겠다. 아이들과 대화할 때 정확하게 자기 의사를 표현할 수 있도록 지도하자. 무엇보다 표현이 서툰 아이들은 생각을 정리하고 표현하는 데 시간이 오래 걸리기도 하니, 충분히 기다려주자. 거짓과 과장은 없는지, 그저 모르겠다고 하는지 등 입체적인 시선으로 접근해야겠다.

있는 그대로의 모습을 보기 좋고 예쁘게 하는 것이 바로 문해력과 컴퓨팅 사고력이지 않나 싶다. 너무 꿰맞추는 느낌이 들 수 있지만, 문해력은 사회적 언어이며 표현을 돋보이게 하는데 필수적인 요소이고 모든 것이 디지털로 표현되는 시대이기에 컴퓨팅 사고력을 빼놓을 수가 없다. 입체적으로 자신을 진단하고, 가진 것을 활용하여 표현할 수 있는 능력이다.

의사소통 능력은 이 시대의 강력한 경쟁력이다

3단계

"의사소통이란 가지고 있는 생각이나 뜻이 서로 통함"

"경쟁력이란 경쟁할 만한 힘 또는 그런 능력"

— 국립국어원 표준국어대사전

의사소통은 단순한 대화가 아니라, 상대를 설득하여 행동을 유발하는 전략적인 대화를 의미한다. 공감을 끌어내는 것도 전략 중 하나다. 일상을 보자. 우리는 전략적으로 사람과 대화하며 어울린다. 각자의 성향과 지식, 분위기에 따라 자기 의사를 표현한다. 최대한 이성적으로 소통하고자 하며, 때로는 의도적으로 거친 표현을 하기도 하고, 아이를 다룰 때는 약간의 보상을 약속하며 행동을 유도하기도 한다. 고도의 심리적 전략을 세우며 의사소통하는 셈이다.

의사소통을 잘하면 효율적인 삶을 살 수 있다. 상대를 설득하기 위한 정보를 찾으면서 분별력이 생긴다. '지피지기면 백전백승'인 것처럼 상대가 무엇을 좋아하는지, 어떤 성향인지 등을 알고 소통을 준비하기 위한 과정에서 주의력, 집중력이 발휘된다. 상대를 이해하기 위해 장황하게 모든 것을 이야기할 필요는 없다. 상대의 필요를 알고, 공감하며 소통하는 힘. 그것이 경쟁력 있는 의사소통일 것이다.

경쟁 사회에서 의사소통은 총 없이 싸우는 전쟁이다. 조직에 어울리는 데 필요한 말과 행동으로 적응하는 모습이나, 거래를 성사하기 위해 간 쓸개 다 내어주며 소통하는 모습이 그렇다. 거래처나 리더의 공감을 끌어내지 못하면 성과를 낼 수 없다. 게다가 대중의 공감을 얻지 못하면 시장경제 체제에서 살아남기 힘들다. 사회에서 의사소통은 곧 생존이다. 그러나 의사소통의 본질은 서로 통하는 데 있으므로 상대를 이기고자 해서는 안 된다. 의사소통의 경쟁력을 갖추는 일은 상대보다 우위를 점하고자 하는 게 아니라 서로의 이익을 달성하기 위함임을 잊지 않았으면 한다.

의사소통을 잘하기 위해서는 의사소통을 방해하는 요소부터 인지할 필요가 있다. 앞서 이야기한 수직적이고 보수적인 문화와 일방적인 소통도 건강한 의사소통을 방해하는 요소다. 우리 생활 깊숙이 자리 잡았기에 어느 정도 적응은 되어 있겠지만, 소통의 부재로 야기되는 갈등이 있다면 개선해야 한다. 갑질 문화 근절이 이에 해당할 것이다. 신이 사람을 만들 때 눈과 귀는 두 개고 입은 하나로 만든 이유는, 많이 보고 많이 듣고 적게 말하라는 뜻이라고 한다. 그만큼 말하는 것을 조심하라는 의미다. 그런데 할 말을 제대로 못하는 사람도 많다. 이들은 속으로 삭이며 병까지 얻는다. 말하지 못하게 하는 문화를 지적하기 이전에 제대로 표현하지 못하는 문해력에 문제가 있다고 볼 수 있다.

의사소통이 서툰 사람은 종종 사회적 문제를 일으키기도 한다. 물론, 누구나 의사소통에 문제가 조금씩은 있다. 상대를 이해하기에 앞서 철저히 나를 기준으로 삼는 사람, 알면서도 표현하지 않는 사람, 말과 행동이 다른 사람, 부정적인 사람, 듣지 않는 사람, 거절하지 못하는 사람 등의 모습일 것이다. 심지어 승패를 인식하는 사람도 있다. 이런 사람은 사람과 어울리며 자연스럽게 소통하지 못한다. 감정과 이성의 조화 속에서 소통하며 갈등을 해결해야 하는데, 이성보다는 감정에 휩쓸려 들리지 않고 듣지 않고 표현도 하지 못한다. 이러한 문화 속에서 아이들은 어떻게 살아야 할까?

경쟁력 있는 의사소통 능력을 키우기 위해서는 가정의 분위기가 중요하다. 부모의 강권에 할 말을 제대로 하지 못하는 환경에 노출된 아이는 해야 할 말을 조리 있게 마무리하지 못하고 다른 소통 창구를 찾기 시작한다. 개선하고 싶다면 지금이라도 아이의 말을 적극적으로 들어주고 공감하자. 예를 들어, 필요하지는 않지만 꼭 갖고 싶은 장난감이 있다. 이런 아이에게 욕심이니 참으라고 강요한다면 당연히 아이는 부모를 이해할 수 없다. 이런 경우, 아이의 장난감을 갖고 싶은 마음에 충분히 공감해주고, 용돈을 모으게 하거나 부모의 마음을 되돌려놓을 전략을 짜게 하면 좋겠다. 새 가방을 갖고 싶어 갖고 있던 가방을 일부러 상하게 하는 아이라면 더욱 마음을 건강하게 표현할 수 있도록 도와야 한다.

아이들의 표현은 감정 위주다. 그러나 때가 되었다면, 감정적인 소통을 조절하고 정확하게 표현할 수 있게 해야 한다. '듣기'가 중요하다. 경청은 상대방을 인정하는 첫 관문이므로 눈을 보고 상대방에게 집중하도록 가르치자. 집에서도 가능한 한 아이와 눈을 마주치며 소통할 것을 추천한다. 그리고 문해력으로 분위기에 맞는 사회적 언어를 구사할 수 있게 하자. 분위기에 어울리는 말을 할 수 있다는 것은 그만큼 주의력, 집중력이 좋다는 이야기다. 국어 시간에 수학 문제 풀고, 밥 먹을 때 TV 보고, 집에서 공부하고, 학교에서 쉬고, 학원에서 놀고 몸은 현장에 있지만 어울리지 못한다. 소통 역시 어긋나기 마련이다.

우리집은 아빠인 내가 사무적인 편이라, 특별한 일이 없으면 아이와 별다른 대화를 하지 못했다. 어릴 때는 외계어로 몸짓 발짓하며 소통 아닌 소통으로 놀면서 아이와의 교감하는 시간도 가졌는데 지금은 그럴 시간이 없다. 아이가 초등학교 고학년이 되면서 바빠졌기 때문이다. 한편, 아이와 최근 대화를 생각해보니 아이가 기분 좋고 즐거울 때보다 엄마에게 혼날 때만 소통을 한 것 같다. 아이에게 화를 내지는 않았지만 "그랬구나. 노력하자." 하며 일방적으로 할 말만 한 아빠의 모습이었다. 아직은 놀면서 배우고, 아빠와 교감해야 할 시기에 지나치게 사무적이고 일방적으로 대한 건 아닌지 반성해 본다.

상담을 통해 가정에서의 의사소통 문제를 진단받아 보는 것도 추천한다. 사람은 객관적인 시각을 유지하기 힘들다. 보통은 지극히 주관적인 시점으로 대상을 바라보고는 한다. 그리고 내 모습을 보는 걸 부끄러워하고, 두려워한다. 상담은 이를 이겨내도록 한다. 가정에서의 각자의 역할을 존중하고, 끊임없이 소통할 수 있는 방법을 찾자. 갈등이 생겼을 때 상담받는 것도 좋지만, 그 전에 건강한 소통을 하는 것이 지혜일 것이다. 부모도 가끔은 아이 같다. 부모가 아이를 보며 말이 많아지고, 아이에게 책임을 돌린다. 아이는 이런 부모의 모습을 보면서 대치하기 시작한다. 그리고 부모는 자녀를 보며 배신감을 느낀다. 괘씸하기까지 하다.

부모를 하늘이고, 공경의 대상이라는 특권의식은 의사소통에 갈등을 일으킨다. 결국, 경쟁력 있는 의사소통은 가정의 행복에서 나온다.

3단계

문제에는 반드시 해결 방법이 있다

"문제란 해답을 요구하는 물음"

"해결이란 제기된 문제를 해명하거나 얽힌 일을 잘 처리함"

"방법이란 어떤 일을 해 나가거나 목적을 이루기 위하여 취하는 수단이나 방식"

— 국립국어원 표준국어대사전

아이들에게 문해력과 컴퓨팅 사고력을 강조한 가장 큰 이유는 바로 문제해결을 위해서다. 작게는 아이의 성적을 올리고, 크게는 인생의 문제를 해결하는 능력을 갖추게 하는 것이다. 그래서 지금까지 아이들이 갖추어야 할 능력, 즉 적응력부터 주의력, 집중력, 인내력

등을 살펴보면서 문해력과 컴퓨팅 사고력을 꿰맞춰 왔다. 억지스러운 면도 있겠지만, 모두 연결되어 있다는 건 어렵지 않게 찾을 수 있었다. 각각의 능력을 개발하기 위해 애쓸 필요는 없다. 능력과 자질은 개별적으로 나타나는 게 아니라 복합적으로 나타나고 작용하기 때문이다. 굳이 나누었다면, 아이의 성장에서 중요한 건 성적보다는 능력과 자질을 살피는 것이 중요하기 때문이다.

앞서 대부분의 능력이 아이의 습관으로 형성되고, 문제를 이해하지 못하는 아이에 관해 서술하며, 아이의 인생을 진단하는 것으로 확장되었다. 아이의 현재 모습, 가족, 환경, 시대적 흐름 등 다양한 시각으로 나름 입체적으로 진단하기도 했다. 살펴보는 범위는 넓어졌지만, 결국 습관이라는 작은 변화에 초점이 맞춰졌다. 그리고 부모의 역할이 중요하다는 것도 알게 되었다. 아이가 문제를 대하는 자세와 부모가 아이를 대하는 자세가 크게 다르지 않았다. 아이에게 요구되는 능력이 부모에게도 요구된다. 함께 성장해야 한다는 뜻이다. 또한, 문해력과 컴퓨팅 사고력을 일상에서 배우고 적용할 수 있는 과제들을 소개했다. 아이는 놀이를 통해 생각하고 행동한다. 놀이의 규칙을 정하고 집중한다. 술래가 되지 않기 위해, 목표를 달성하기 위해 노력한다. 놀이 방법을 다르게 적용해보며 창의성도 발휘된다. 문제해결 과정이다. 아빠와 소통하면 효과는 배가되어 나타난다. 말은 이렇게 하지만 소개한 과제들이 문제해결에 직접적인 효과가 있는지 없는지에 대한 근거와 기준도 없다. 연구에 의한 체계를 갖춘 과제는 더더욱 아니다. 그저 아이와 함께하다 보니 아이도 즐거워하고, 나름 유익한 시간이었기에 소개한 차원이다. 구체적인 지침이 담긴 자료는 많지만, 중요한 것은 직접 활동하는 것이므로 나는 지침서 없이 열심히 아이와 마주하며 놀았다. 개인적으로는 아이와 무엇을 하며 놀지에 대한 고민도 성장에 도움이 되었다. 이 책을 읽고 가볍게 '이런 놀이도 있구나.' 하며 아이와 소통한다면 충분할 것 같다. 가능하면 직접 고안해서 놀기를 권한다.

아이가 6살 때였다. 회사에서 일하는데 낯선 사람에게 전화가 왔다. 알고 보니, 아이가 학원에서 엄마를 기다리다가 안 오자 먼저 나선 모양이다. 엄마랑 길이 엇갈려 아이가 지나가는 어른에게 부탁해 나에게 전화한 것이다. 그렇게 아이는 무사히 엄마를 만나 집으로 돌아갔다. 당시 나는 6살밖에 되지 않은 아이가 문제를 스스로 해결한 것에 꽤나 놀랐다. 칭찬도 했다. 가끔 자식 자랑할 때 꺼내는 에피소드다.

이 이야기에서 강조하고 싶은 점은 문제 상황이 닥치더라도 해결 방법을 알고 있으면 더는 문제가 아니라는 것이다. 이제 어느 정도 자란 아이는 시험을 준비하고 있다. 내가 이런저런 코치는 하는데 받아들이기 힘든 것 같다. 마음은 아프지만, 성적을 올리기 위한 방법을 스스로 터득하게 될 거라 믿고 있다.

산은 높이 오를수록 멀리 보인다. 높이 올라야 이 길이 어디로 이어져 있는지, 주변에 무엇이 있는지, 무슨 일이 일어나는지 볼 수 있다. 그리고 산에 높이 오르기 위해서는 시간과 노력이라는 투자가 필요하다. 해결 방법이 보이지 않고 알 수 없어 보여도 산을 오르는 것처럼 발을 내디디는 것이 시작임을 명심하자. 또한, 행동하지 않으면 의미가 없다. 산에 올라야 볼 수 있다는 걸 알면 산에 올라야 한다. 남들이 선택하지 않는 것을 선택하고 노력하고, 자신의 한계를 규정하지 말라. 문제해결력과 경쟁력을 갖추게 할 것이다.

해결이 안 되는 문제라면? 그건 문제라기보다 문제가 아닌 것을 문제로 여길 확률이 높다. 바뀌지 않는 법칙을 문제로 오해하는 것이다. 불변의 법칙은 활용의 대상이지 연구의 대상이 아니다. 중력의 법칙을 아무리 들여다본들 바꿀 수 있을까? 곱셈 기호가 왜 ×로 쓰는지 고민할 필요가 없다. 그냥 정해진 약속이다.

산에 오르는 것을 빗대어 노력을 강조했지만, 노력의 모습은 다양하다. 간혹 문제해결의 실마리가 엉뚱한 곳에서 발견되기도 하는데, 이 또한 노력하는 자에게 찾아오는 운명이지, 우연이 아니다. 실제로 세상의 법칙은 '발견'되었다. 이 위대한 발견을 활용하고, 풀지 못한 문제를 해결하는 것이 공부하는 이유다. 그리고 그 중심에는 문해력과 컴퓨팅 사고력이 있다. 초등학생에게 성과를 기대할 수는 없지만, 훗날을 위해 씨앗을 심는 시간이라고 생각하라. 또한, 아이라고 해서 위대한 발견을 하지 못하리라는 법도 없다.

아이들이 할 수 없다고 생각하고, 시스템에 갇혀있을 뿐이다. 우리 아이라고 마야 유적을 찾지 못하리라는 법은 없다!

5장.

배움을 넘어 실생활에서 활용하는 컴퓨팅 사고력

미래 인재로 자라는 아이

미래 인재에게 필요한 역량은 무엇일까? 사실 논어와 맹자의 가르침에 여전히 유효한 것처럼, 4차 산업혁명 시대라고 해서 요구되는 능력이 전에 없던 능력을 강조하거나 요구하는 건 아니다. 초연결, 초지능 시대를 준비해야 한다고 하지만 이미 있는 단어에 초월이라는 의미만 덧붙은 것뿐이다. 사람이 갖춰야 할 자질과 능력이 시대마다 이름을 달리하는 것이라 말할 수 있다. 예를 들어, 수학적 사고력이 코딩을 만나 '컴퓨팅 사고력'이 되었고, 창의적 사고력이 디자인을 만나 '디자인적 사고력'이 되었다. 메타인지는 사람의 인식, 생각, 관찰 등을 고차원적인 사고 기술로 기존보다 초월하여 자신이 무엇을 알고 모르는지 깨닫는 것을 의미하는데, '너 자신을 알라'라는 소크라테스의 말이 시대적 상황에 맞게 해석된 것이다. 결국, 시대적인 트렌드가 아닐까 싶다. 그래서 미래를 준비하는 데 있어 어렵고 복잡한 용어에 그리 혼란스러워할 필요는 없어 보인다. 전문 분야로 파고들면 차이가 존재하고 연구할 만한 가치가 있는 것이 있겠지만, 우리는 많이 알고 열심히 공부해야겠다고 다짐하면 충분할 듯하다.

확실히 어려워졌다. 아이의 수학 과목 교과서와 문제집을 살펴보면, 부모 세대와는 확실히 다른 수준이다. 우리는 중학교 1학년이 되어서야 알파벳을 시작했는데 지금은 거의 영유아기 때부터 시작한다. 사고방식의 수준도 분명히 다르다. 부모는 2D 평면적인 이해였다면 아이들은 3D 입체적이다. 어렵다. 사회에서 아이에게 요구하는 수준이 높아지면서 확실히 아이들의 수준 자체가 높아지고, 사회 진출 연령도 낮아지고 있다. 그러나 문제는 아이들의 문해력 수준 차이가 크다는 것이다. 문해력을 '사회적 언어를 배우는 것'으로 보았을 때, 문해력 수준이 높은 아이는 사회에 대한 관심도 높지만, 문해력 수준이 낮은 아이는 그 반대다. 이는 결국, 눈앞의 성적뿐 아니라 이후 사회적 지위의 격차까지 발생시킬 것이다.

미래라는 개념도 모호하고 부정확하며 불확실하다. 미래란 어떠한 원인의 결과이기도 하고, 어떤 입력값의 출력값이기도 하며, 조작과 변화에 의한 것이기도 하다. 시간의 의미도 생각해보아야 한다. 미래라는 개념은 시간의 흐름에 기인하기 때문이다. 미래를 논하려면 과거를 알아야 한다. 미래의 생생한 이미지를 떠올리기 위해서는 기억에 의존해야 한다는 말처럼, 미래는 과거의 경험과 지식에 의해 만들어진다. 그리고 미래란 '다가오지 않은 것'을 뜻한다. 그러므로 미래란, 과거를 따져보며 관망할 게 아니라 준비해야 할 게 아닐까? 이러한 사유를 중심으로 부모는 어떻게 아이의 미래를 준비해줄 수 있는지 알아보자. 여기서 미래를 준비한다는 것은 과거부터 쌓아온 데이터를 통해서 '위기를 진단하고 문제를 바로잡는 것'과 '예상치 못한 앞으로의 미래를 대비하고 목표를 향해 가는 것'을 말한다.

시간을 계절의 시스템으로 생각하면 봄에서 여름으로, 여름에서 가을로, 가을에서 겨울로 돌아간다고 볼 수 있다. 이 시스템 속에서 인간은 봄에 씨를 뿌리고 가을에 열매를 거둔다. 먼 옛날부터 인간은 이 시스템을 이해하고 가뭄에 대비해 저수지를 만들고, 지진과 홍수에 대비한 주거지를 만들며 먹고 살기 위한 준비를 해나갔다. 즉, 인간은 대자연의 시스템 아래에서 규칙을 만들어 살았다. 그리고 시간이 흐를수록 시스템의 규모는 구체적이고 정교해지며 대자연의 시스템과 더불어 사회의 시스템을 구축하기 시작한다. 학교도 그중 하나다. 학교는 인간의 사회화를 위한 교육 시스템이다. 그리고 현대로 와서 이 교육 시스템은 수험의 틀을 유지하고 있다. 학교는 그 어느 교육 기관보다 예측이 쉬운 시스템이다. 부모의 경험과 지식으로 교육 시스템을 이해하고 아이들을 양육하기 때문이다. 다시 말해, 학교의 시스템을 따르면 부모는 아이의 미래를 조금 더 정확하게 예측하고, 철저히 준비시킬 수 있다.

그러나 초등학교는 조금 더 유연했으면 한다. 초등학교는 본격적으로 시험을 접하는 곳이다. 성적은 좋을 수도 있고, 나쁠 수도 있으며, 성적은 아이의 기분에 따라서도 좌지우지된다. 아직은 다듬어지지 않은 자질 때문이다. 아이마다 성향도 다르고 발달하는 능력이나 발현되는 시기 또한 다르다. 초등학교 성적으로 눈물 흘리며 걱정할 필요가 없다는 뜻이다. 실수와 실패도 깊이 이해하지 못하는 아이들이며, 아이들은 당장에 따라잡지 못한다고 해도 심각한 고민에 빠지지 않는다. 원리를 깨우치면 그 격차는 빠르게 해소된다. 넓은 시야로 아이의 성장과 발달에 중점을 두자. 초등학교는 아이의 인생을 결정하는 곳이 아니다.

미래는 과거의 경험과 지식에 따라 준비된다. 데이터가 많을수록 예측은 구체적이다. 빅데이터라 불리는 요소가 미래의 주요 관심사인 이유다. 그래서인지 몰라도 요즘에는 성인이 된 자녀의 직장생활까지 간섭하는 부모가 많아졌다. 이런 자녀는 성인이 된 후에도 선택과 결정에 어려움을 느낄 것이다. 학교의 시스템을 일찍이 이용해 탁월한 통찰로 아이를 훌륭하게 성장시키는 부모도 있지만, 시스템은 크게 보았을 때 절대적인 것도 아니며, 아이의 성장은 각기 다르다. 그러므로 아이가 학교 시스템에 적응하지 못한다고 해서, 성적이 기대에 미치지 못한다고 해서 아이에게 문제가 있다고 생각하지 않았으면 한다. 물론, 넓은 시야로 아이를 양육해도 부모의 경험과 지식에서 크게 벗어날 수는 없다. 가정에도 시스템이 작동하기 때문이다. 예를 들어, 교육자 집안에서 자란 아이는 교육 관련 직업을 선택하고, 사업가 집안에서 자란 아이는 일찍 사업을 시작하는 경우다. 예전처럼 가업을 물려받는 시대는 아니지만, 여전히 부모의 사회적 지위가 아이들에게 고스란히 영향을 끼친다. 그러나 여기에서도 자녀의 선택인지 아닌지에 따라 결과가 다르다.

나도 아버지가 군인이셔서 군인의 길을 선택했었다. 자라온 환경이 군대식이었기에 자신도 있었고, 어울리는 친구들도 장교 계급의 자녀들이어서 군인의 길을 걷는 데 큰 고민이 없었다. 아버지는 군인의 길이 고달프고 힘들다는 걸 알기에 탐탁하지 않아 하셨지만, 결국 나의 선택을 존중해주시고 뿌듯해하셨다. 그러나 군 생활을 시작하자마자 몸이 상해 지속할 수가 없었다. 이후 나는 다른 길을 선택해 만족하며 살고 있다. 모두 나의 선택을 존중해주신 부모님 덕분일 것이다.

미래 인재로 키운다는 것은 끊임없이 공부하는 인간으로 키우는 것이다. 공부는 취업 후에도 필요하고, 자기 계발을 위해서도 필요하다. 인생의 전반에 걸쳐 공부가 필요하다는 걸 보여주자. 그래야 아이도 미래 인재로 자란다. 트렌드에 현혹되지 않았으면 한다. 현재도 문해력과 컴퓨팅 사고력이라 불리는 능력이 존재하지만, 나중에는 다른 이름으로 불릴지도 모른다.

그렇다면 아이는 어떻게 스스로 미래를 준비하며 공부하는가? 아이에게 단계마다 성취할 수 있는 구체적인 목표를 세우게 하라. 단계에 맞는 꿈과 목표는 실현 가능해야 달성할 수 있고 다음의 발전을 기대할 수 있다. 그 과정에서 겪는 실패는 아이를 더 단단하게 해줄 것이다. 즉, 부모는 자녀가 바람직한 미래를 바라보고, 실현할 수 있도록 오늘을 살아가게 하자. 사회에 진출해 원하는 직장에 들어갔다고 해도, 퇴직이라는 순간은 다가오며 그사이 닥치는 예상치 못한 상황에서도 아이는 꾸준한 공부를 통해 다음을 준비할 것이다.

노력으로 충분히 다져지는 문해력

문해력은 성장기 아이들의 긴 글에 대한 부담감과 저하된 문제 이해도와 집중력, 어려움을 회피하려는 태도 등의 특효약이다. 그리고 이 문해력은 초등학교 시기에 잘 다져놓아야 한다. 모르는 어휘나 이해되지 않는 문맥을 발견했다면 그냥 지나치지 않고 깊이 생각하는 습관을 들이게 하자. 글이 의미하는 바를 정확하게 해석할 줄 알아야 한다. 그렇다고 무작정 책을 읽으라는 건 아니다. 초등학생 시기에는 학습에 필요한 자질들이 다양한 방법으로 성장하기 때문이다. 성적은 아이의 수준을 파악하는 참고자료일 뿐, 성적이 좋지 않다면 공부하지 않아서라기보다는 시험을 대비하는 자질이 아직 부족해서다.

문해력의 수준은 시스템이 요구하는 수준을 이해하고, 미래를 예측하고 준비하는 데에 부족함이 없을 정도면 충분하다. 그런데 이 과정 또한 직접 문해력 테스트를 통해 합격과 불합격을 가릴 필요는 없다. 문해력은 다양한 책을 읽고 쓰고 공부하며 습득하는 동안 자연스럽게 길러지는 것이다. 초등학교 시기에 나타나는 격차의 원인은 문해력이지만, 진정한 격차는 이러한 문해력을 얼마나 활용하느냐에 따른다.

2년 전, 집에서 지하철역까지의 거리가 걸어가기엔 조금 멀고 버스를 타고 다니기엔 너무 가까워서 자전거를 마련해 타고 다녔다. 그러다가 다이어트를 하려고 자전거를 자전거 주차장에 두고 한동안은 걸어 다녔다. 한 달 정도 지났을까. 오랜만에 자전거를 살펴보니 녹이 슬고 바퀴에 바람이 푹 빠져 있었다. 2년간 한 번도 녹이 슨 적이 없었는데, 잠깐 손을 놓은 새에 만신창이가 된 것이다. 문해력도 마찬가지다. 이미 높은 수준을 갖추고 있더라도 갈고닦지 않으면 무뎌진다. 그러므로 수준을 높이지 못하고 제자리에 머물면 안 된다. 이미 문해력을 논하기 전부터 존재한 격차를 줄이기 위한 노력, 그 이상의 필요를 느끼지 못하고 현실에 만족하는 것, 비교우위에서서 특권의식에 빠지는 것 모두 해당한다. 성장이 반드시 위를 향해야 하는 건 아니므로 주변을 돌아보는 것도 성장이다. 경험과 지식을 소통하며 나누는 것이다. 한계를 두지 말자.

천재적인 소프라노 조수미는 다른 사람이 3시간 봐야 할 악보를 5분 만에 외웠다고 한다. 그러던 어느 날, 교수가 악보를 찢으며 매번 지나칠 줄 알았느냐며, 재능이 있다고 잘난 척하면 안 되고 떳떳한 모습으로 관중을 만나라고 호되게 혼을 냈다고 한다. 부모의 강권에 시작한 노래라 회의를 느끼고 있었는데, 교수의 꾸지람에 조수미는 '이게 아니구나.' 싶어 이후 피나는 노력을 기울였다고 한다. 그러면서 선하지 않은 사람의 노래는 아무리 아름다워도 감동이 없다고 했다.

문해력을 기른다는 건 공부를 위한 과정이 아니라 평생에 걸쳐 재능을 발견하고 갈고닦는 과정이자, 세상과 소통하는 과정이다. 초등학생에게 적용하기에는 무리가 아닌가 싶겠지만, 그렇지 않다. '세 살 버릇 여든까지 간다'라는 속담이 괜히 이 시대까지 전해져 오는 것이 아니다. 많은 아동학자가 36개월 이전을 인격이 형성되는 중요한 시기라고 말한다. 어린 시절부터 좋은 습관으로 자신의 재능을 발견하고 갈고닦을 준비를 해야 하는 것이다.

얼마 전 3년 반 동안 끌어오던 치아 교정이 마무리되었다. 그간 치아가 제자리를 찾아가며 느끼는 고통이 만만치 않았다. 음식을 먹기도 힘들었다. 그러나 시간이 흐를수록 불편함과 통증이 사라지고 가지런해지는 치아에 만족감이 들었다. 그런데 교정 장치를 떼었다고 끝이 아니었다. 나는 앞으로도 상태를 유지하기 위한 장치를 반

영구적으로 착용해야 한다. 그리고 교정은 일찍 시작할수록 빨리 끝난다. 늦게 시작하면 더 오래 걸리고 더 고통스러우며 비용도 더 든다. 문해력을 기르고 활용하기 위한 과정도 비슷하리라 생각된다.

"실패한 게 아니라 제대로 작동되지 않는 1만 가지의 방법을 찾아냈을 뿐이다." 발명왕 토머스 에디슨의 말이다. 노력을 강조하는 문구 중에 개인적으로 가장 맘에 드는 문구다. 실패가 아닌 성공할 방법을 찾았다는 사고의 전환, 성공을 향한 반복과 도전에 대한 문구이자 컴퓨팅 사고력에 관한 문구다. 다시 말해, 컴퓨팅 사고력이란 일상에 적용되는 하나의 자질인 셈이다. 문해력도 마찬가지다. 두 가지 능력 모두 결코 노력 없이 갖출 수 없으며, 갈고닦을수록 빛이 나는 능력이다.

아이의 노력과 실행을 방해하는 요소 중 가장 큰 것은 게으름과 실패에 대한 두려움이다. 그러나 가치 있는 삶을 살기 위해서는 가만히 있을 수 없다. 부모가 가만두지 않는다. 문해력과 컴퓨팅 사고력은 아이에게 노력의 가치를 깨닫게 하고, 디지털 시대에 꼭 필요한 능력이다. 아이들이 잘 습득하고 적용하기 위해 부모는 관심을 기울여야 한다. 아이의 성적을 올리기 위한 수단에서 벗어나 아이가 잘 배우고 적용하여 좋은 삶을 꾸릴 수 있도록 하자. 아이는 부모 하기 나름이다.

다양한 경험과 사고가 곧 경쟁력이다

나에게는 잊지 못할 경험이 있다. 22살, 패기 하나로 친구와 시작한 자전거 여행이었다. 서울에서 시작해 제주도를 한 바퀴 도는 여정으로 우리에게는 싸구려 접이식 자전거 한 대와 전국지도 한 장뿐이었다. 지금처럼 자전거도로가 발달한 것도 아니고, 스마트폰도 없던 시절이었다.

첫날부터 우여곡절이 많았다. 내리막길에서 친구가 넘어져 한쪽 다리에 찰과상을 입은 것이다. 그래도 친구는 여행을 포기하지 않았고, 우리는 나름 머리를 써서 밤에는 달리고, 낮에는 목욕탕에서 씻고 잠을 잤다. 여행은 고되었다. 길을 잘못 들어서기도 하고, 동네 개들에게 쫓기기도 하고, 바퀴에 구멍이 나서 자전거를 끌며 산을 넘기도 했다. 산골 작은 학교 한쪽에서 잠을 청하거나, 비가 오면 버스 정류장에서 쉬기도 하면서 말이다. 친구와 길이 어긋났을 때는 난감했다. 연락할 방법도 없고, 돈도 없었다. 그냥 몇 시간을 헤매서 만났다. 그렇게 제주도 한 바퀴를 돌았다. 이후 자전거는 기차 화물로 보내고 우리는 고속버스를 타고 서울로 향했다. 며칠씩 고생하며 내려온 길을 버스를 타고 5시간 만에 오니 허무하기도 하고 꿈을 꾼 것 같기도 했다. 그리고 20여 년이 지난 지금까지 그날의 성취감은 살아가는 데에 강력한 동력원이 되었다. 누가 하라고 자극한 것도 아니고, 상을 준다는 것도 아닌데 왜 그렇게 열심히 달렸을까. 그때는 이 여행이 지금의 나를 만드는 강력한 경험이 되리라고는 생각하지 못했다. 지금도 기운이 없을 때 이때를 떠올리면 우쭐하게 되는 약을 먹은 것만 같다. 취업할 때 자기소개서에 멋진 소재가 되기도 했다.

인생에서도 준비하지 못하면 고생하고, 지도를 본다 한들 길을 잘못 들 수도 있고, 생각지 못한 상황을 맞을 수도 있다. 사실 이런 구체적인 상황보다는 포기하지 않고 완주한 그 하나가 나의 자존감을 만들었다. 자전거 여행을 중도에 포기했다 해도 다른 경험에서 나의 자존감을 찾을 수도 있지만, 이렇게 무모하고 무식한 경험은 다시 못할 경험이기에 더욱 가치가 있다. 그리고 함께할 친구가 있었기에 가능했었던 여정이었다. 서로 부딪치고 불만 가득한 상황에서 이끌고 따라가기를 반복했던 시간, 몸도 힘들고 마음도 힘든 상황에서 포기하지 않았던 것은 함께 바라보는 목표가 있었기에, 그것을 이루고자 했기에 가능했다.

아이들에게 이렇게 고된 경험을 추천하는 것은 아니다. 앞으로 다양한 경험을 하게 될 아이들이다. 호기심을 갖고 하고 싶은 것부터 경험하게 해주는 것이 좋겠다. 물론 강한 호기심으로 시작했다가 중도에 그만둘 수도 있다. 그러나 이 또한 아이의 성향과 재능을 찾는 과정이다. 아이가 충분한 경험을 할 수 있도록 돕는 게 부모의 할 일이다. 예전에 TV 프로그램 〈영재발굴단〉에서 천재 피아니스트 소년 김두민 군 아버지의 교육에 크게 감명받은 적이 있다. 해가 어떻게 뜨는지 궁금하다는 아이를 위해 그날 저녁 짐을 싸서 동해로 달려가 해 뜨는 것을 직접 보여준 아버지의 모습이었다. 백문이 불여일견이란 이런 것이다. 경험이란, 해가 뜨는 걸 영상으로 보는 게 아니라 해 뜨는 걸 보기 위해 밤새 달려 추운 날씨 속에서 졸음을 온몸으로 참으며 보고 느끼는 것이다. 말 그대로 눈으로만 보는 게 아니라 오감으로 현실을 겪는 것이다. 직접 일출을 보면, 해는 지구의 공전과 자전에 의한 우주의 법칙을 생각하게 할 것이다. 아이가 모든 걸 이해하지 못해도 경험은 견문을 넓히기 위한 충분한 과정이 된다.

세상에 대한 경험이 부족한 아이들은 현실 감각이 떨어진다. 무한한 상상력을 가진 아이들에게 영상 속 화면은 너무 부족하다. 어른도 그렇다. 드라마나 예능을 보며 시나리오와 편집까지 생각하지 않는다. 감성과 이성의 조화보다는 자극적이고 왜곡된 현실에 몰두

하게 된다.

다양한 경험은 아이들의 상상력과 정보를 현실에 어떻게 적용하는지 깨닫게 한다. 경험이 없다면 피상적인 사고에서 벗어나기 힘들다. 쉽고 편리한 생활을 위해 얼마나 큰 노력이 숨어 있는지 경험을 통해 알게 하자. 밥상 위의 쌀밥이 어떻게 재배되는지, 반찬은 또 어디에서 와서 차려진 건지 그 원리를 찾아보는 과정이기도 하다. 방송국이나 출판사에는 아이들이 견학할 수 있는 시스템이 잘 되어 있다. 그곳에서 화면 속 세상을 만들기 위한 제작 과정을 알게 되고, 책 한 권이 만들어지는 과정을 알게 된다. 요즘은 미디어 시대이니 유튜브를 제작해보는 것도 좋겠다. 또한, 경험에는 성취감이 따라야 한다. 아이가 좋아하는 것을 경험하게 하고, 그 안에서 힘든 과정도 기꺼이 겪게 하라. 과정을 통해 결과가 나온다는 사실을 알게 하고, 공부도 하게 할 것이다.

아이들은 아바타가 아니다. 인격적인 존재임을 명심하고, 아이가 성취할 수 있는 목표를 설정해주자. 아이 스스로 어떤 문제를 주로 틀리고, 왜 틀리는지를 알게 하고, 준비할 수 있어야 한다. 그렇게 차차 단계를 올려야 한다. '메타인지'라는 말이 있다. 여기서도 '스스로 깨닫는 과정'이 중요하다. 사실 부모가 아이의 부족함을 찾는 데는 어렵지 않다. 그런데 객관적인 시각에서 바라보지만, 적용은 주관적이다. 아이들에게 제대로 도움을 줄 수 있도록 부모 역시 메타인지가 필요하다.

책이 아닌 경험을 통한 문해력 기르기는 어떻게 진행되어야 할까? 세상에는 글로 표현할 수 없는 것이 많다. 위에 서술한 아이들이 직접 경험함으로써 알 수 있는 원리, 성취감 등이 그렇다. 오감을 통한 생생한 느낌과 사물의 존재에 대한 글은 그렇게 나온다. 책을 읽거나 시청각 자료를 통해 얻을 수 있는 게 아니다. 또한, 직접 경험은 사회를 알게 한다. 고속도로를 이용하려면 돈을 내야 하는 것, 길을 찾기 위해 보게 되는 이정표와 안내판, 입장을 위해 줄을 서서 기다리는 것 모두 사회적인 행동이고 약속이다. 불편하고 귀찮은 것에 대한 감각은 어떠한가. 창의적인 발명품은 모두 불편하고 귀찮은 경험에서 나왔다. 비를 맞고 싶은 아이에게 감기 걸린다고 우산을 씌울 필요가 있을까? 태풍이 아닌 이상 자연의 섭리를 몸으로 체험하는 게 낫다.

굳이 돌아다니고 싶지 않다면, 일상적인 행동을 달리 해보게 하라. 오른손잡이면 왼손으로 글을 쓰거나 그림을 그리게 하고, 색종이로 비행기를 접을 때는 다양한 방법을 동원하게 하라. 신발을 바꿔 신어보거나, 가구의 배치를 바꿔보는 것도 다양한 아이디어를 샘솟게 한다. 아빠의 역할은 중요하다. 부지런해야 아이들에게 풍부한 경험을 제공할 수 있다.

한 가지 더 강조하자면, 헌신과 봉사의 경험이다. 배려와 존중은 소통의 기본이며, 상대를 이해하고 공감하는 것은 소통의 시작이다. 대가 없는 봉사는 아이들에게 헌신과 사랑의 힘을 가르칠 것이다. 내가 조금 불편하면 어려운 이들이 조금 편하고, 내가 정성을 다하면 상대가 기뻐한다는 세상의 진리를 배울 것이다. 물질로 측정할 수 없는 가치를 알 수 있다. 타인을 돕지 않으면, 내가 타인의 도움이 필요할 때 도움받을 수 없다는 게 세상의 진리다. 결국, 문해력을 기르고자 하는 모든 경험은 자신의 재능을 찾고, 나누며 살아가는 행복한 삶을 살게 한다.

융합의 시대, 자신의 콘텐츠 개발에 집중하라

콘텐츠라고 하면 많은 사람이 유튜브 영상을 가장 먼저 떠올리지 않을까 싶다. 그만큼 유튜브의 영향력은 상당하며 운동, 요리, 학습 콘텐츠 등 없는 게 없다. 게다가 유튜브 알고리즘은 사용자의 시청 영상을 분석해 사용자가 좋아하고 관심 있어 할 만한 영상을 추천한다.

그러나 콘텐츠는 영상만을 가리키는 용어는 아니다. 콘텐츠란 영상을 포함하여 글, 소리, 이미지 등 디지털 방식으로 온라인에서 돌아다니는 모든 정보, 내용을 뜻한다. 그리고 콘텐츠를 개발한다는 말은 전혀 새로운 것을 창작한다는 말이 아니라, 기존의 지식과 경험을 활용해 새로운 것을 만든다는 말이다. 사람들이 궁금해하는 것, 내가 배우는 것, 일상 등도 훌륭한 콘텐츠가 된다. 콘텐츠라는 단어를 직역하면 '목차, 내용'이라는 뜻이다. 그런데 활용되는 수준을 보면 사전적인 정의보다 우리의 인생이 그대로 콘텐츠라는 의미로 받아들일 수 있다.

디지털 기기로 이러한 콘텐츠를 생산하고 활용하여 수익을 내는 사람을 '디지털 노마드'라고 한다. 그리고 이들은 자기 생각과 끼를 방출하며 공감을 얻어 수익을 낸다. 간혹 계속 시선을 끌기 위해 무모한 시도를 하는 사람도 있지만, 그래도 디지털 노마드는 경험과 지식이 풍부한 사람에게 유리한 일일 것이다. 축적한 지식과 경험이 양질의 콘텐츠를 생산하기 때문이다. 그래서 나는 디지털 노마드를 직업으로 분류하기보다 콘텐츠를 활용해 또 다른 수익을 내는 '방법' 중 하나라고 본다.

그런데 손쉽게 돈을 벌 수 있다는 혹하는 문구에 현혹되는 아이들이 있다. 이런 아이들은 유튜버의 화려한 성공 뒤에 숨은 노력은 알지 못한다. 사실 유튜버로 성공하는 길은 직장을 구하는 일보다 어렵다. 경험과 지식을 쌓지 못하면 콘텐츠 제작에도 한계가 있기 때문이다. 무모한 도전을 일삼는 일부 유튜버들이 그 예이다. 즉, 콘텐츠 시장은 시스템을 만들어 접근해도 살아남기 어려운 시장이므로 결국 공부해야 살아남을 수 있다. 이 역시 아이들에게 직접 경험하게 해주자. 시나리오를 써서 영상을 만들고 업로드하게 하라. 아마 아이들은 이 과정에서 벌써 부족함을 느낄 것이다. 이때 부모는 디지털 노마드의 개념을 알려주고, 콘텐츠 산업은 직업이 아니라 소통의 수단임을 알게 하자. 평소에 콘텐츠를 바르게 활용할 수 있도록 지도하는 게 시작일 것이다.

풍부한 경험과 지식을 쌓는 일 자체가 콘텐츠 개발이다. 즉, 콘텐츠 개발을 위해서는 공부를 열심히 해야 한다. 그리고 공부한 것을 공유하고 수익을 발생시키는 게 디지털 노마드의 삶이다. 피아노를 배우더라도 음악 과목의 성적을 잘 받기 위해 배우는 게 아니라 음악적 감수성을 배우고 타인을 가르치기 위해 배워야 한다. 이를 디지털화해 유튜브 등에 올리면 좋은 콘텐츠가 된다. 플랫폼은 많다. SNS는 기본이고 온라인 카페, 블로그, 크몽, 탈잉, 숨고, 최근 부상한 메타버스 등이 그것이다. 책, 글, 음악, 이미지 등 일상의 모든 것이 콘텐츠가 될 수 있다. 그리고 누구나 앱을 만들고 게임을 만들 수 있다. 이 역시 콘텐츠의 하나다. 결국, 소프트웨어다. 그래서 지금껏 코딩과 컴퓨팅 사고력을 강조했다. 다시 정리하면 우리가 가진 지식과 경험이 코딩을 통해 디지털화되는 것이고, 그 과정에 컴퓨팅 사고력이 녹아 있는 것이다.

콘텐츠 개발이라고 하여 새로운 분야에 발 담그는 게 아니고, 디지털 시대라고 하여 당장 하던 일이 없어지는 게 아니다. 따지면 익숙한 직장생활도 디지털 노마드의 삶이다. 컴퓨터로 웬만한 일을 다

처리하고, 계약서도 태블릿으로 작성하지 않는가. 많은 일자리가 인공지능으로 대체된다고는 하나 그 일이 아예 사라지는 건 아니며, 인공지능은 사람이 관리한다. 이러한 세상에서 중요한 것은 시대의 흐름을 읽고 자신의 역량을 끌어올리는 것이다. 그것이 진정한 콘텐츠가 될 것이다. 아이들을 지도할 때도 큰 시야로 접근해야 한다. 시스템에 갇히기보다 시스템을 활용하여 미래 인재가 되도록 해야 한다.

평생직장의 시대가 끝나고 있다. 부업의 전성시대다. 1인 기업이 늘어나고 있다. 대기업에 취업했다고 해서 오래 근무할 수 없다. 30대 중반에 퇴사를 권유받았다는 친구의 말이 충격이었다. 그리고 안정된 직장에 다닌다 한들 퇴직 후의 삶은 보장되어 있지 않다. 오히려 나태함에 나머지 인생을 준비하지 못한다. 언제 어디에서 위기가 닥쳐올지 모른다. 그래서 안주하면 안 된다. 지금 있는 곳에서 양질의 콘텐츠를 만들어 놔야 한다. 다른 것을 준비할 수 있는 여력이 현실적으로도 부족하기에 더욱 집중해서 공부하고 일해야 한다.

양질의 콘텐츠라는 것은 다른 사람들의 관심과 공감을 끌어내는 콘텐츠다. 사람들의 필요와 호기심을 채워주는 것이다. 정보를 제공하고 감정을 공유하는 소통이다. 강조하고 싶은 것은 당장에 콘텐츠를 생산한다는 의미보다 콘텐츠를 생산하는 것처럼 공부해야 한다는 의미다. 학교에서 배우는 공부도, 학교 밖에서 배우는 공부도 소홀히 할 것이 없다. 다양한 경험은 물론이고, 책도 많이 읽어야 한다.

직장생활을 하더라도 그 노하우를 콘텐츠화할 정도는 되어야 한다. 그리고 양질의 콘텐츠를 만드는 시작은 바로 문해력이다. 사회적인 언어로 소통하는 법을 배우는 것이다. 문해력은 배운 지식과 경험을 더 공고히 하여줄 것이다.

앞으로 지식의 격차는 더욱 벌어질 것이다. 문해력은 곧 권력과 사회적 지위를 만든다고 했다. 전문가와 비전문가 그리고 콘텐츠로 만들 수 있는 능력을 기준으로 사회적 지위는 이미 달라지고 있다. 소프트웨어 중심의 시대가 왔다. 소프트웨어를 개발하느냐 이용하느냐의 격차도 분명히 드러날 것이다. 코딩을 활용하는 측면만 강조하다 보니 직접 코딩하며 프로그램을 개발하는 이야기를 하지 않은 듯하다. 코딩 전문가가 매우 필요하다는 말이고, 소프트웨어가 그만큼 퍼져 있다는 이야기다. 물론 그 세계에 진입하는 건 어렵다. 소프트웨어를 전공한 나에게도 쉽지 않은 일이다. 그동안 프로그램 개발자가 적절한 대우를 받지 못했지만, 머지않아 특화된 직종으로서 지위가 격상될 거라 예상한다.

콘텐츠는 문해력과 디지털 사고력의 합작품이다. 그리고 그 중심에는 책과 코딩이 있다. 제대로 배우려면 전문가를 찾아야겠지만, 모두 가정에서 주어진 환경을 이용해 소통하고 학습하며 확장할 수 있다고 말하고 싶다. 문해력과 디지털 사고력은 이미 우리 일상 깊숙이 존재하고 있으며, 아이의 올바른 성장에 기여할 것이다. 양질의 콘텐츠를 만들기 위해 잘 갈고닦아야 할 능력이다.

나는 문해력과 디지털 사고 전문가는 아니다. 평범한 직장인이고 두 아이의 아빠일 뿐이다. 그러나 두 아이를 직접 지도하며 어떻게 해야 아이의 미래를 준비해줄 수 있을지 고민하며 이렇게 책까지 쓰게 되었다. 이 책에는 디지털 시대에 필요한 두 능력의 이해를 돕고 아이를 지도하는 데 참고할 만한 구체적인 과정을 담았다. 그리고 쓰면서 문해력과 컴퓨팅 사고력의 함양이 아이의 미래를 준비하고자 하기 위함이지만, 이후의 삶을 준비해야 하는 부모에게도 필요한 능력이라는 걸 깨달았다. 두 능력으로 인해 일어나는 작은 변화들이 인생을 바꾸리라 확신한다.

공대 아빠와 함께하는
디지털 문해력 수업

초판 1쇄 인쇄 2022년 4월 30일
초판 1쇄 발행 2022년 5월 10일

지은이 김은호

펴낸이 우세웅
책임편집 김은지
기획편집 한희진 김휘연
콘텐츠기획·홍보 전다솔
북디자인 이유진

종이 페이퍼프라이스㈜
인쇄 (주)다온피앤피

펴낸곳 슬로디미디어그룹
신고번호 제25100-2017-000035호
신고연월일 2017년 6월 13일
주소 서울특별시 마포구 월드컵북로 400, 상암동 서울산업진흥원(문화콘텐츠센터)5층 22호

전화 02)493-7780 | **팩스** 0303)3442-7780
전자우편 slody925@gmail.com(원고투고·사업제휴)
홈페이지 slodymedia.modoo.at | **블로그** slodymedia.xyz
페이스북·인스타그램 slodymedia

ISBN 979-11-6785-069-0 (03370)